Das Zahlenbuch

Förderheft

3

Herausgeber:
Marcus Nührenbörger, Ralph Schwarzkopf

Autoren:
Uta Häsel-Weide, Marcus Nührenbörger,
Martin Reinold

Ernst Klett Verlag
Stuttgart · Leipzig

Inhalt

	SB	AH
Wiederholung und Vertiefung		
Addieren und Subtrahieren	3	4	3
Rechenwege bei der Addition	5	8	4
Rechenwege bei der Subtraktion	7	10	5
Die Einmaleins-Tafel	9	12	6
Multiplizieren und Dividieren	11	14	7
Verdoppeln	13	16	8
Halbieren	14	16	8
Rückblick	15	18	9
Forschen und Finden	16	19	10

	SB	AH
Sachaufgaben/Geometrie		
Mit Geld rechnen	17	20	11
Sachaufgaben	18	22	13
Würfelgebäude	19	24	14

	SB	AH
Orientierung im erweiterten Zahlenraum		
Zählen und Bündeln	20	26	15
Die Zahlen bis 1000	22	28	16
Die Stellentafel	24	30	17
Das Punktefeld	26	32	18
Der Zahlenstrahl	28	34	20
Der Rechenstrich	30	36	21
Rückblick	31	38	22
Forschen und Finden	32	39	23

	SB	AH
Messen und Ordnen		
Geldwerte	33	40	
Längen: Zentimeter und Meter	35	42	24

	SB	AH
Addition und Subtraktion im erweiterten Zahlenraum		
Einfache Aufgaben	37	46	26
Verdoppeln und Halbieren	41	48	27
Rechenwege bei der Addition	42	50	28
Rechenwege bei der Subtraktion	45	52	29
Ergänzen	48	54	30
Rückblick	49	56	31
Forschen und Finden	50	57	32

	SB	AH
Geometrie		
Formen aus Quadraten	51	58	33

	SB	AH
Multiplikation und Division im erweiterten Zahlenraum		
Malaufgaben zerlegen	52	62	35
Das Zehnereinmaleins	54	64	37
Rechenwege bei der Multiplikation	56	68	39
Rückblick	58	70	40
Forschen und Finden	59	71	41

	SB	AH
Sachaufgaben		
Längen: Meter und Kilometer	60	74	43
Mit Entfernungen rechnen	61	76	44

	SB	AH
Einführung der schriftlichen Addition		
Schriftliche Addition	62	78	45
Schriftlich addieren	64	80	47
Übungen zur schriftlichen Addition	65	82	48
Rückblick	67	86	52
Forschen und Finden	68	87	53

	SB	AH
Messen und Ordnen		
Gewichte: Kilogramm und Gramm	69	88	54

	SB	AH
Einführung der schriftlichen Subtraktion		
Schriftliche Subtraktion: Auffüllen	70	96	58
Übungen zur schriftlichen Subtraktion	73	100	62
Rückblick	74	104	63
Forschen und Finden	75	105	64

	SB	AH
Sachaufgaben		
Zeitpunkte: Uhrzeiten	76	106	65

	SB	AH
Geometrie		
Seitenansichten von Würfelgebäuden	77	112	68

	SB	AH
Alternatives Subtraktionsverfahren		
Schriftliche Subtraktion: Entbündeln	78	142	83

	SB
Die Zehnereinmaleins-Tafel zum Ausfüllen	80

Die ausgewiesenen Kopiervorlagen (KV) befinden sich im Förderkommentar Lernen 3.

Symbole

 Schreibe oder male hier.

 Benutze Material.

 Kreuze an.

Addieren und Subtrahieren

1 Rechne, vergleiche und beschreibe.

10 + 12 = ___   20 + 12 = ___   30 + 12 = ___

10 + 34 = ___   20 + 34 = ___   30 + 34 = ___

2 Schöne Päckchen. Beschreibe und erkläre.

20 + 10 =	7 + 10 = ___	22 + 10 = ___	15 + 10 = ___
20 + 20 =	7 + 20 = ___	22 + 20 = ___	15 + 20 = ___
20 + 30 =	7 + 30 = ___	22 + 30 = ___	15 + 30 = ___

+0   +10

3 Schöne Päckchen. Beschreibe und erkläre.

10 + 10 =	21 + 9 = ___	35 + 5 = ___	24 + 14 = ___
11 + 9 =	22 + 10 = ___	34 + 6 = ___	23 + 13 = ___
12 + 8 =	23 + 11 = ___	33 + 7 = ___	22 + 12 = ___

+1   −1

4 Schöne Päckchen. Setze fort. Vergleiche.

33 + 1 = ___	33 + 10 = ___	18 + 2 = ___	18 + 20 = ___
33 + 2 = ___	33 + 20 = ___	18 + 3 = ___	18 + 30 = ___
33 + 3 = ___	33 + 30 = ___	18 + 4 = ___	18 + 40 = ___
33 + 4 = ___	___ + ___ =	___ + ___ =	___ + ___ =

1–4 Additionsaufgaben um 1 oder 10 verändern. Veränderungen beschreiben. Fachbegriffe benutzen. Nonverbale Darstellungsmittel wie farbige Markierungen oder Pfeile zum Beschreiben und Erklären benutzen. **4** Schöne Päckchen untersuchen. Dekadische Veränderung erkennen und fortsetzen. Unterschiede erkennen und beschreiben.

3

→ Schülerbuch, Seite 4   → Arbeitsheft, Seite 3

Addieren und Subtrahieren

1 Rechne, vergleiche und beschreibe.

$32 - 2 = \underline{\hspace{1cm}}$ $32 - 3 = \underline{\hspace{1cm}}$ $32 - 4 = \underline{\hspace{1cm}}$ $32 - 5 = \underline{\hspace{1cm}}$

2

$43 - 10 = \underline{\hspace{1cm}}$ $43 - 20 = \underline{\hspace{1cm}}$ $43 - 30 = \underline{\hspace{1cm}}$ $43 - 40 = \underline{\hspace{1cm}}$

3 Schöne Päckchen. Beschreibe und erkläre.

$18 - 1 = \underline{\hspace{1cm}}$ $23 - 1 = \underline{\hspace{1cm}}$ $55 - 1 = \underline{\hspace{1cm}}$ $30 - 1 = \underline{\hspace{1cm}}$

$18 - 2 = \underline{\hspace{1cm}}$ $23 - 2 = \underline{\hspace{1cm}}$ $55 - 2 = \underline{\hspace{1cm}}$ $30 - 2 = \underline{\hspace{1cm}}$

$18 - 3 = \underline{\hspace{1cm}}$ $23 - 3 = \underline{\hspace{1cm}}$ $55 - 3 = \underline{\hspace{1cm}}$ $30 - 3 = \underline{\hspace{1cm}}$

+0   +1

4 Schöne Päckchen. Beschreibe und erkläre.

$80 - 10 = \underline{\hspace{1cm}}$ $50 - 20 = \underline{\hspace{1cm}}$ $45 - 10 = \underline{\hspace{1cm}}$ $54 - 20 = \underline{\hspace{1cm}}$

$80 - 20 = \underline{\hspace{1cm}}$ $50 - 30 = \underline{\hspace{1cm}}$ $45 - 20 = \underline{\hspace{1cm}}$ $54 - 30 = \underline{\hspace{1cm}}$

$80 - 30 = \underline{\hspace{1cm}}$ $50 - 40 = \underline{\hspace{1cm}}$ $45 - 30 = \underline{\hspace{1cm}}$ $54 - 40 = \underline{\hspace{1cm}}$

+0   +10

5 Schöne Päckchen. Setze fort. Vergleiche.

$44 - 1 = \underline{\hspace{0.6cm}}$	$44 - 10 = \underline{\hspace{0.6cm}}$	$60 - 10 = \underline{\hspace{0.6cm}}$	$60 - 1 = \underline{\hspace{0.6cm}}$
$44 - 2 = \underline{\hspace{0.6cm}}$	$44 - 20 = \underline{\hspace{0.6cm}}$	$60 - 20 = \underline{\hspace{0.6cm}}$	$60 - 2 = \underline{\hspace{0.6cm}}$
$44 - 3 = \underline{\hspace{0.6cm}}$	$44 - 30 = \underline{\hspace{0.6cm}}$	$60 - 30 = \underline{\hspace{0.6cm}}$	$60 - 3 = \underline{\hspace{0.6cm}}$
$44 - 4 = \underline{\hspace{0.6cm}}$	$\underline{\hspace{0.6cm}} - \underline{\hspace{0.6cm}} = \underline{\hspace{0.6cm}}$	$\underline{\hspace{0.6cm}} - \underline{\hspace{0.6cm}} = \underline{\hspace{0.6cm}}$	$\underline{\hspace{0.6cm}} - \underline{\hspace{0.6cm}} = \underline{\hspace{0.6cm}}$

1–5 Subtraktionsaufgaben um 1 oder um 10 verändern. Veränderungen beschreiben. Fachbegriffe benutzen. Nonverbale Darstellungsmittel wie farbige Markierungen oder Pfeile zum Beschreiben und Erklären benutzen.   **5** Schöne Päckchen untersuchen. Dekadische Veränderung erkennen und fortsetzen. Unterschiede erkennen und beschreiben.

→ Schülerbuch, Seite 5   → Arbeitsheft, Seite 3

Rechenwege bei der Addition

Beschreibe	mit Zahlbildern	oder	mit Zahlen

25 + 15

$$25 + 15 = 40$$
$$20 + 10 = 30$$
$$5 + 5 = 10$$

---

1 **Zehner und Einer extra**. Zeichne und rechne.

18 + 11

18 + 11 =
_____
10 +
_____
_____

31 + 12

31 + 12 =
_____
_____
_____

26 + 16

26 + 16 =
_____
_____
_____

---

2 **Zehner und Einer extra**. Rechne und vergleiche.

12 + 15 =	22 + 15 =		13 + 14 =	13 + 24 =
10 + 10 = 20	20 + 10 =			
2 + 5 = 7	2 + 5 =			

16 + 16 =	26 + 26 =		17 + 15 =	27 + 25 =

---

1 Additionsaufgaben in Zahlbildern darstellen.   **2** Additionsaufgaben mit dem Rechenweg „Zehner und Einer extra" lösen. Zusammenhänge erkennen und beschreiben.

→ Schülerbuch, Seite 8, 9   → Arbeitsheft, Seite 4   → KV

Rechenwege bei der Addition

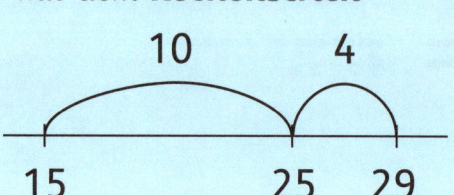

Beschreibe	mit dem **Rechenstrich**	oder	**mit Zahlen**
15 + 14	10 4		15 + 14 = 29
	15 25 29		15 + 10 = 25
			25 + 4 = 29

1 **Schrittweise**. Rechne am Rechenstrich.

18 + 23

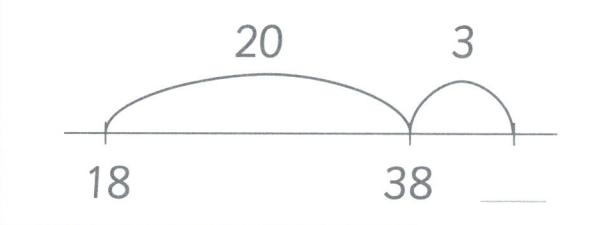

20   3

18   38 ___

18 + 23 = _____

18 + _____

_____

35 + 11

35

35 + 11 = _____

_____

_____

24 + 16

24 + 16 = _____

_____

_____

2 **Hilfsaufgabe**. Rechne am Rechenstrich.

25 + 9 = ___

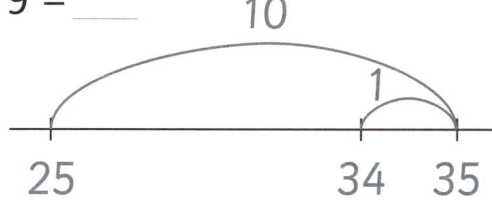

10

1

25   34 35

14 + 19 = ___

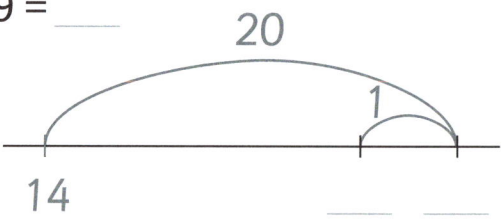

20

1

14   ___ ___

27 + 9 = ___

24 + 19 = ___

1, 2 Additionsaufgaben mit den Rechenwegen „Schrittweise" und „Hilfsaufgabe" lösen. Subtraktion am Rechenstrich darstellen (KV zu den Rechenwegen nutzen).

→ Schülerbuch, Seite 8, 9   → Arbeitsheft, Seite 4   → KV

Rechenwege bei der Subtraktion

Beschreibe	mit Zahlbildern	oder	mit Zahlen

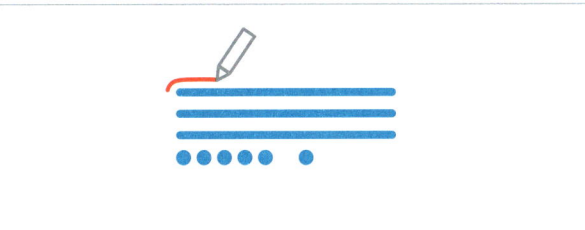

$$25 - 14$$

$$25 - 14 = 11$$
$$20 - 10 = 10$$
$$5 - 4 = 1$$

1 **Zehner und Einer extra**. Zeichne und rechne.

$$36 - 21$$

$36 - 21 =$
$30 - 20 = 10$
$6 - 1 =$

$$28 - 16$$

$28 - 16 =$
$20 - =$
$ - =$

2 **Zehner und Einer extra**. Zeichne und rechne.

Ich muss den Zehner anbrechen.

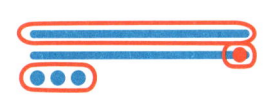

$23 - 14 = 9$
$20 - 10 = 10$
$3 - 4 = -1$

$$33 - 15$$

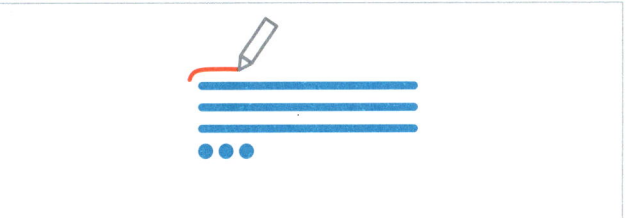

$33 - 15 =$
$30 - =$
$ - =$

$$52 - 14$$

$52 - 14 =$
$ - =$
$ - =$

1, 2 Subtraktionsaufgaben mit dem Rechenweg „Zehner und Einer extra" lösen. Subtraktion an Zahlbildern darstellen, ggf. Zehner anbrechen.

7

Rechenwege bei der Subtraktion

Beschreibe	mit dem **Rechenstrich**	oder	**mit Zahlen**

32 – 15

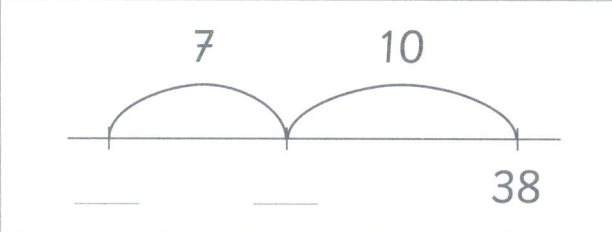

$$32 - 15 = 17$$
$$32 - 10 = 22$$
$$22 - 5 = 17$$

1 **Schrittweise**. Rechne am Rechenstrich.

38 – 17

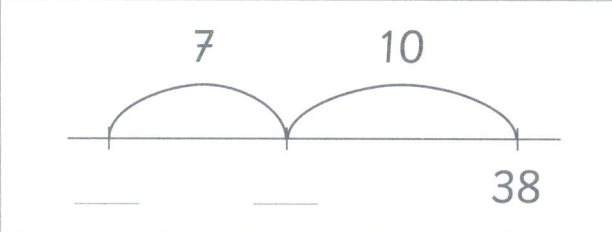

38 – 17 =
_____
38 –
_____
_____

41 – 13

41 – 13 =
_____
_____
_____

30 – 16

30 – 16 =
_____
_____
_____

2 **Hilfsaufgabe**. Rechne am Rechenstrich.

25 – 9 = _____

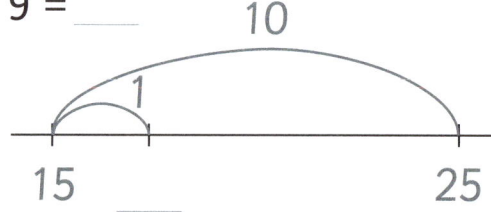

34 – 19 = _____

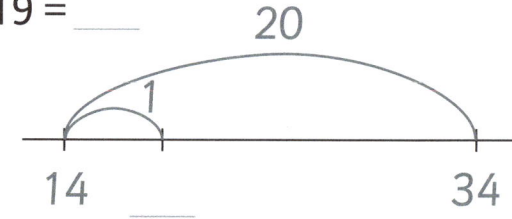

44 – 9 = _____

54 – 19 = _____

1, 2 Subtraktionsaufgaben mit den Rechenwegen „Schrittweise" und „Hilfsaufgabe" lösen. Subtraktion am Rechenstrich darstellen.

→ Schülerbuch, Seiten 10/11   → Arbeitsheft, Seite 5   → KV

Die Einmaleins-Tafel

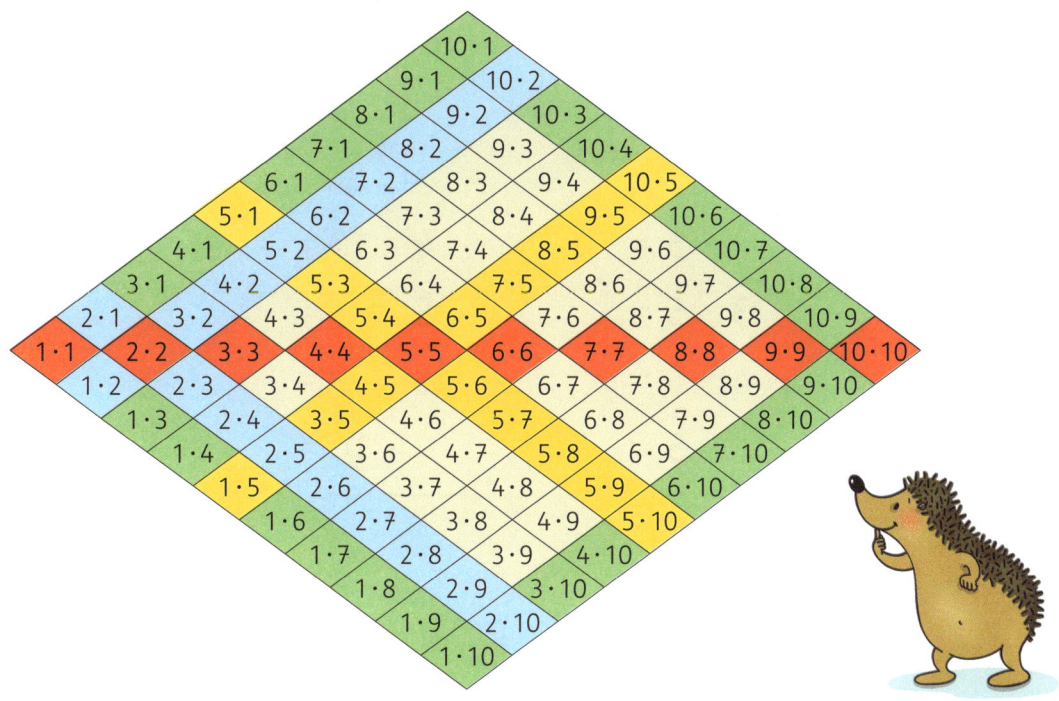

1 Finde die Aufgaben an der Einmaleins-Tafel. Male und rechne.

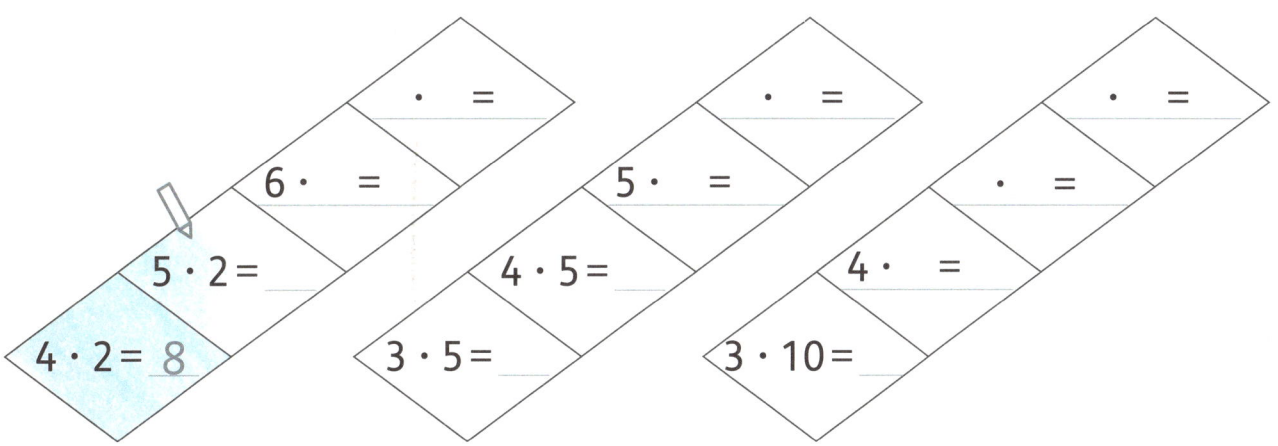

$6 \cdot \_\_ = \_\_$

$5 \cdot 2 = \_\_$

$4 \cdot 2 = \underline{8}$

$5 \cdot \_\_ = \_\_$

$4 \cdot 5 = \_\_$

$3 \cdot 5 = \_\_$

$\_\_ \cdot \_\_ = \_\_$

$4 \cdot \_\_ = \_\_$

$3 \cdot 10 = \_\_$

2 Finde die Aufgaben an der Einmaleins-Tafel. Male und rechne.

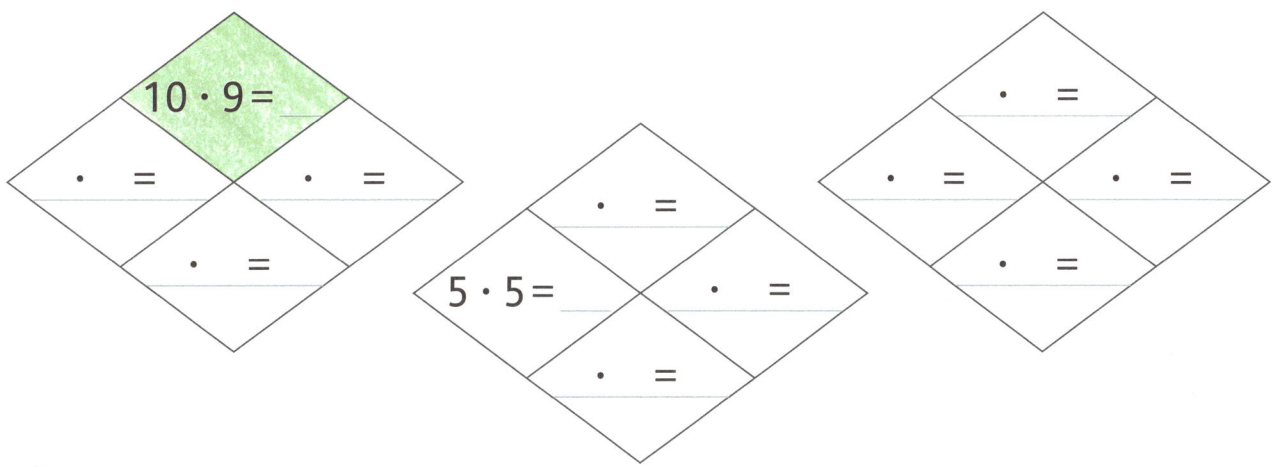

$10 \cdot 9 = \_\_$

$5 \cdot 5 = \_\_$

1, 2 Aufgaben an der Einmaleins-Tafel finden, farblich markieren und berechnen.

9

→ Schülerbuch, Seite 12   → Arbeitsheft, Seite 6   → KV

Die Einmaleins-Tafel

1 Finde einfache Aufgaben. Rechne und setze fort.

mit 2	mit 5	mit 10	Quadrat
$1 \cdot 2 =$ ___	$2 \cdot 5 =$ ___	$4 \cdot 10 =$ ___	$1 \cdot 1 =$ ___
$2 \cdot 2 =$ ___	$3 \cdot 5 =$ ___	$5 \cdot 10 =$ ___	$2 \cdot 2 =$ ___
$3 \cdot 2 =$ ___	$4 \cdot 5 =$ ___	$6 \cdot 10 =$ ___	$3 \cdot 3 =$ ___
___ $\cdot 2 =$ ___	___ $\cdot 5 =$ ___	___ $\cdot 10 =$ ___	___ $\cdot 4 =$ ___
___ $\cdot$ ___ $=$ ___	___ $\cdot$ ___ $=$ ___	___ $\cdot$ ___ $=$ ___	___ $\cdot$ ___ $=$ ___

2 Tauschaufgaben. Markiere an der Einmaleins-Tafel.

Schreibe und rechne.

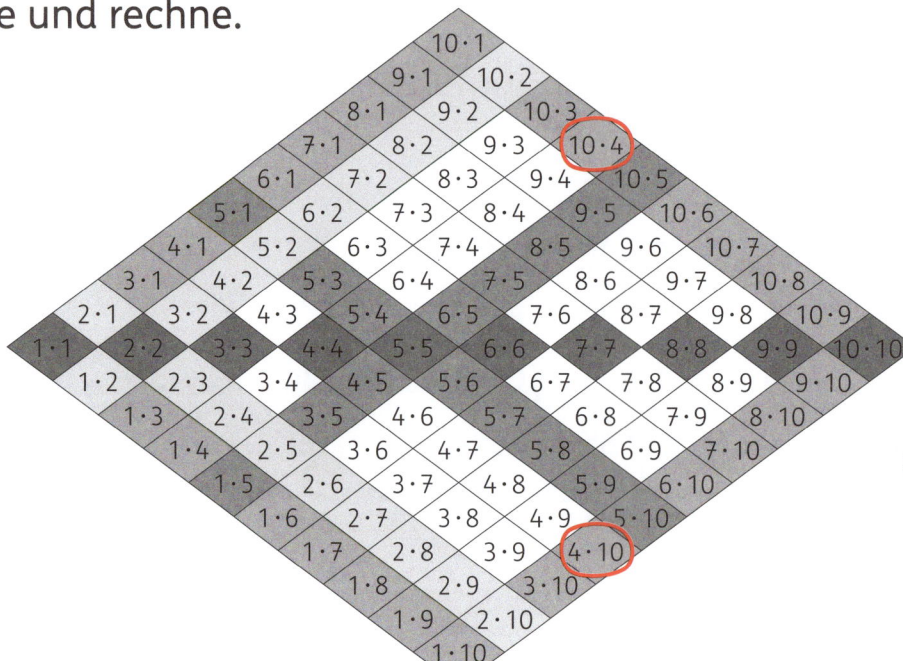

$10 \cdot 4 =$ ___	$5 \cdot 4 =$ ___	$2 \cdot 8 =$ ___	$7 \cdot 1 =$ ___
$4 \cdot 10 =$ ___	___ $\cdot$ ___ $=$ ___	___ $\cdot$ ___ $=$ ___	___ $\cdot$ ___ $=$ ___
$9 \cdot 2 =$ ___	$7 \cdot 5 =$ ___	$2 \cdot 4 =$ ___	$6 \cdot 2 =$ ___
___ $\cdot$ ___ $=$ ___	___ $\cdot$ ___ $=$ ___	___ $\cdot$ ___ $=$ ___	___ $\cdot$ ___ $=$ ___
$3 \cdot 5 =$ ___	$10 \cdot 7 =$ ___	$8 \cdot 5 =$ ___	$1 \cdot 9 =$ ___
___ $\cdot$ ___ $=$ ___	___ $\cdot$ ___ $=$ ___	___ $\cdot$ ___ $=$ ___	___ $\cdot$ ___ $=$ ___

1 Malaufgaben an der Einmaleins-Tafel zeigen, lösen und als operative Aufgabenreihe fortsetzen. **2** Tauschaufgaben finden, in der Einmaleins-Tafel markieren und berechnen.

→ Schülerbuch, Seite 12   → Arbeitsheft, Seite 6   → KV

Multiplizieren und Dividieren

1 Aufgabe und Umkehraufgabe. Rechne.

  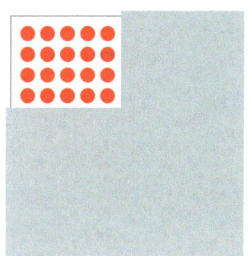 

10 : 5 = _2_   15 : 5 = ___   20 : 5 = ___   25 : 5 = ___

_2_ · 5 = 10   ___ · 5 = 15   ___ · 5 = 20   ___ · 5 = 25

24 : 4 = ___   20 : 4 = ___   16 : 4 = ___   12 : 4 = ___

___ · 4 =   ___ · 4 =   ___ · 4 =   ___ · 4 =

2 Finde und rechne zuerst die Umkehraufgabe.

40 : 10 = _4_   30 : 10 = ___   20 : 10 = ___   10 : 10 = ___

_4 · 10 = 40_   ___ · ___ = ___   ___ · ___ = ___   ___ · ___ = ___

16 : 2 = ___   14 : 2 = ___   12 : 2 = ___   10 : 2 = ___

___ · ___ = ___   ___ · ___ = ___   ___ · ___ = ___   ___ · ___ = ___

5 : 1 = ___   10 : 1 = ___   3 : 1 = ___   8 : 1 = ___

___ · ___ = ___   ___ · ___ = ___   ___ · ___ = ___   ___ · ___ = ___

20 : 5 = ___   25 : 5 = ___   30 : 5 = ___   35 : 5 = ___

___ · ___ = ___   ___ · ___ = ___   ___ · ___ = ___   ___ · ___ = ___

1 Malaufgaben als Umkehrung der Geteiltaufgaben finden und berechnen. **2** Geteiltaufgaben lösen. Umkehraufgaben finden und berechnen.

11

→ Schülerbuch, Seite 14   → Arbeitsheft, Seite 7   → KV

Multiplizieren und Dividieren

1 Rechne Mal- und Geteiltaufgaben. Finde immer vier Aufgaben.

$4 \cdot 5 = 20$ $20 : 5 = 4$

$5 \cdot 4 = 20$ $20 : 4 = 5$

___ $\cdot$ ___ = ___   ___ : ___ = ___

___ $\cdot$ ___ = ___   ___ : ___ = ___

___ $\cdot$ ___ = ___   ___ : ___ = ___

___ $\cdot$ ___ = ___   ___ : ___ = ___

___ $\cdot$ ___ = ___   ___ : ___ = ___

___ $\cdot$ ___ = ___   ___ : ___ = ___

___ $\cdot$ ___ = ___   ___ : ___ = ___

___ $\cdot$ ___ = ___   ___ : ___ = ___

2 Rechne.

$10 : 10 =$ ___	$10 : 5 =$ ___	$4 : 2 =$ ___	$4 : 2 =$ ___
$20 : 10 =$ ___	$15 : 5 =$ ___	$8 : 2 =$ ___	$9 : 3 =$ ___
$30 : 10 =$ ___	$20 : 5 =$ ___	$12 : 2 =$ ___	$16 : 4 =$ ___
$40 : 10 =$ ___	$25 : 5 =$ ___	$16 : 2 =$ ___	$25 : 5 =$ ___

1 Mal- und Geteiltaufgaben aus Punktebildern ableiten und lösen. Auch Auffälligkeiten herausarbeiten (beide Faktoren sind gleich, das Punktbild ist ein Quadrat).   **2** Geteiltaufgaben lösen.

→ Schülerbuch, Seite 14   → Arbeitsheft, Seite 7   → KV

Verdoppeln

1 Verdopple. Lege und rechne.

Das Doppelte von 26

$20 + 20 =$ _40_

$6 + 6 =$ ___

$26 + 26 =$ ___

Das Doppelte von 26

$20 + 20 = 40$
$6 + 6 = 12$
$26 + 26 = 52$

Das Doppelte von 14

$10 + 10 =$ ___

$4 + 4 =$ ___

$14 + 14 =$ ___

Das Doppelte von 33

$ + =$ ___

$ + =$ ___

$33 + 33 =$ ___

Das Doppelte von 27

$ + =$ ___

$ + =$ ___

$27 + 27 =$ ___

2 Verdopple. Zeichne und rechne.

Das Doppelte von 12

$10 + 10 =$ ___

$2 + 2 =$ ___

$12 + 12 =$ ___

Das Doppelte von 15

$10 + 10 =$ ___

$5 + 5 =$ ___

$15 + 15 =$ ___

Das Doppelte von 39

$ + =$ ___

$ + =$ ___

$39 + 39 =$ ___

Das Doppelte von 47

$ + =$ ___

$ + =$ ___

$ + =$ ___

1 Verdopplungsaufgaben nachlegen. Zerlegen in Teilaufgaben und Bestimmen der Ergebnisse. **2** Verdopplungsaufgaben als Zahlbilder zeichnen, in Teilaufgaben zerlegen und berechnen.

13

→ Schülerbuch, Seite 16   → Arbeitsheft, Seite 8   → KV

Halbieren

1 Halbiere. Lege und rechne.

Die Hälfte von 56

$50 = 25 + 25$
$6 = 3 + 3$
$56 = + $

> Ich zerlege:
> Die Hälfte von 50 ist 25.
> Die Hälfte von 6 ist 3.

Die Hälfte von 14	Die Hälfte von 32	Die Hälfte von 28

$10 = 5 + 5$ $\qquad$ $30 = + $ $\qquad$ $ = + $

$4 = 2 + 2$ $\qquad$ $2 = + $ $\qquad$ $ = + $

$14 = + $ $\qquad$ $32 = + $ $\qquad$ $28 = + $

2 Halbiere. Zeichne und rechne.

Die Hälfte von 28	Die Hälfte von 16

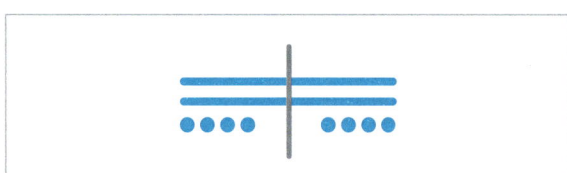

$20 = 10 + 10$ $\qquad$ $10 = + $

$8 = 4 + 4$ $\qquad$ $6 = + $

$28 = + $ $\qquad$ $16 = + $

Die Hälfte von 58	Die Hälfte von 66

$ = + $ $\qquad$ $ = + $

$ = + $ $\qquad$ $ = + $

$58 = + $ $\qquad$ $ = + $

1 Aufgabe zur Halbierung in Teilaufgaben nachlegen und Ergebnisse bestimmen. Zerlegen der Aufgaben in Teilaufgaben.
2 Halbierungen als Zahlbilder zeichnen. Aufgaben in Teilaufgaben zerlegen und berechnen.

→ Schülerbuch, Seite 16 → Arbeitsheft, Seite 8 → KV

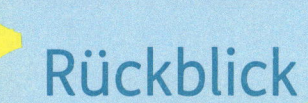

Ich kann Plus- und Minusaufgaben auf unterschiedlichen Wegen rechnen.
Ich kann schöne Päckchen beschreiben.

Ich kann Malaufgaben lösen. 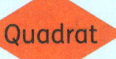 mit 2   mit 5   mit 10   Quadrat

1 Einfache Aufgaben.

$21 + 10 =$ ___ $44 + 20 =$ ___ $37 - 10 =$ ___ $85 - 50 =$ ___

$21 + 20 =$ ___ $44 + 50 =$ ___ $37 - 30 =$ ___ $85 - 30 =$ ___

2 Schöne Päckchen. Setze fort. Beschreibe.

$11 + \ \ 4 =$ ___ $19 + 11 =$ ___ $27 - 10 =$ ___ $44 - 10 =$ ___

$11 + 14 =$ ___ $20 + 10 =$ ___ $27 - \ \ 9 =$ ___ $44 - 20 =$ ___

$11 + 24 =$ ___ $21 + \ \ 9 =$ ___ $27 - \ \ 8 =$ ___ $44 - 30 =$ ___

__ $+$ __ $=$ __ $+$ __ $=$ __ $-$ __ $=$ __ $-$ __ $=$

3 **Hilfsaufgabe**, **Zehner** und **Einer extra** oder **Schrittweise**. Rechne.

$33 + 19 =$ _____ $17 + 18 =$ _____ $51 + 18 =$ _____

4 Rechne und setze fort.

mit 2   mit 5   mit 10   Quadrat

$4 \cdot 2 =$ ___ $4 \cdot 5 =$ ___ $6 \cdot 10 =$ ___ $6 \cdot 6 =$ ___

$5 \cdot 2 =$ ___ $5 \cdot 5 =$ ___ $7 \cdot 10 =$ ___ $5 \cdot 5 =$ ___

$6 \cdot 2 =$ ___ $6 \cdot 5 =$ ___ $8 \cdot 10 =$ ___ $4 \cdot 4 =$ ___

__ $\cdot$ __ $=$ __ $\cdot$ __ $=$ __ $\cdot$ __ $=$ __ $\cdot$ __ $=$

__ $\cdot$ __ $=$ __ $\cdot$ __ $=$ __ $\cdot$ __ $=$ __ $\cdot$ __ $=$

→ Schülerbuch, Seite 18   → Arbeitsheft, Seite 9

Forschen und Finden: Zahlengitter

1 Wie heißt die Zielzahl? Setze fort. Beschreibe.

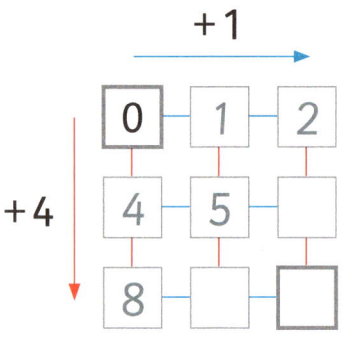
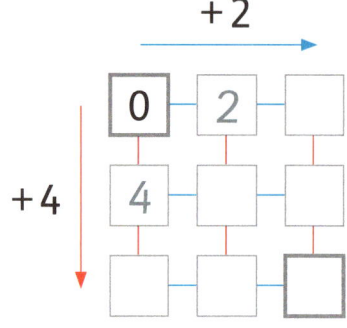
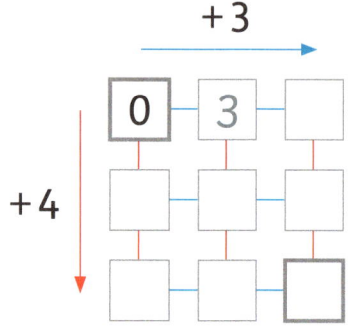

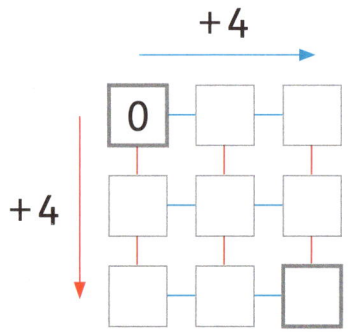
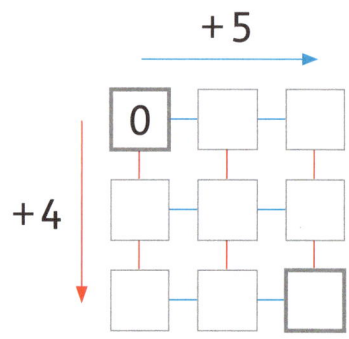
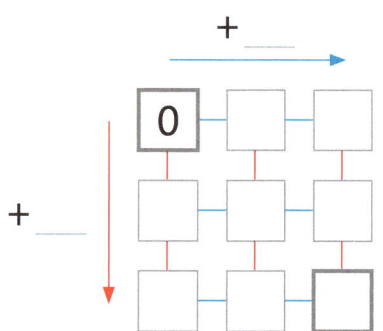

2 Wie heißt die Zielzahl? Beschreibe und erkläre.

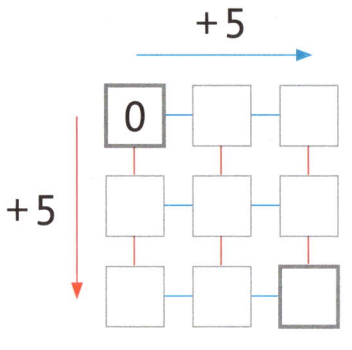
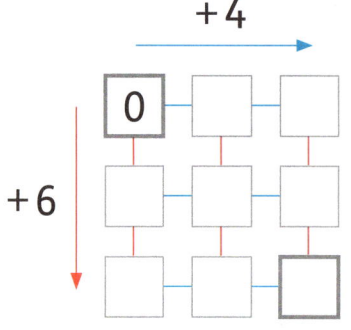
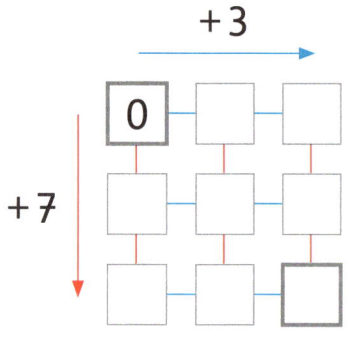

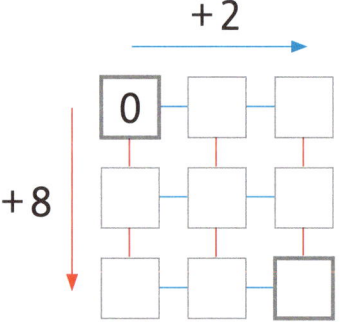
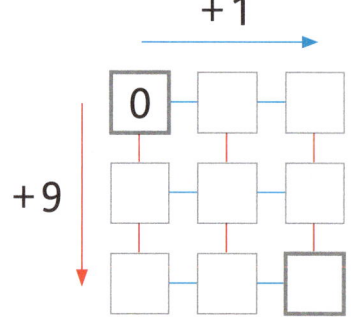
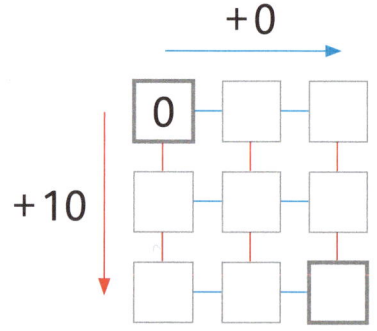

1, 2 Zahlengitter berechnen und Zusammenhänge beschreiben und erklären. Muster fortsetzen.

→ Schülerbuch, Seite 19   → Arbeitsheft, Seite 10   → KV

Mit Geld rechnen

1 Wie viel Euro? Wie viel Cent?

2 € 1 €	___ €
10 € Schein, 2 €	___ €
2 € 50 ct	___ € ___ ct
5 € Schein, 10 ct, 1 ct	___ € ___ ct

20 ct 10 ct 5 ct	___ ct
50 ct 10 ct 2 ct	___ ct
1 € 20 ct	___ € ___ ct
2 € 20 ct 2 ct	___ € ___ ct

2 Verbinde.

4 €

4 ct

4 € 6 ct

4 € 60 ct

64 ct

1 Geldbeträge zusammenrechnen und getrennt nach Euro und Cent notieren. **2** Geldbeträge zuordnen.

17

→ Schülerbuch, Seite 20   → Arbeitsheft, Seite 11   → KV

Sachaufgaben

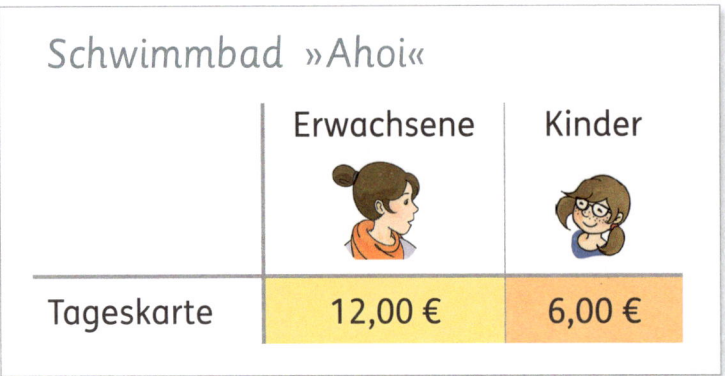

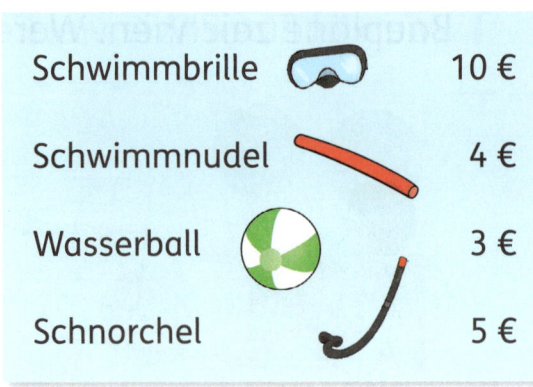

Schwimmbrille	10 €
Schwimmnudel	4 €
Wasserball	3 €
Schnorchel	5 €

1 Wie viel kostet der Eintritt?

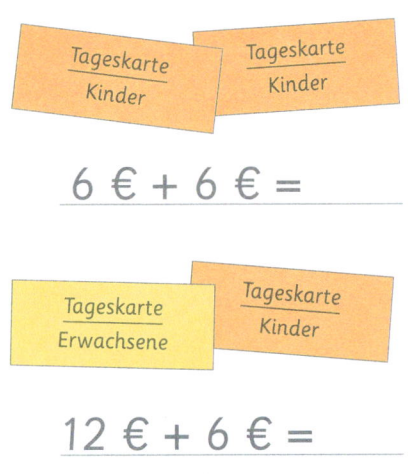

6 € + 6 € = _____

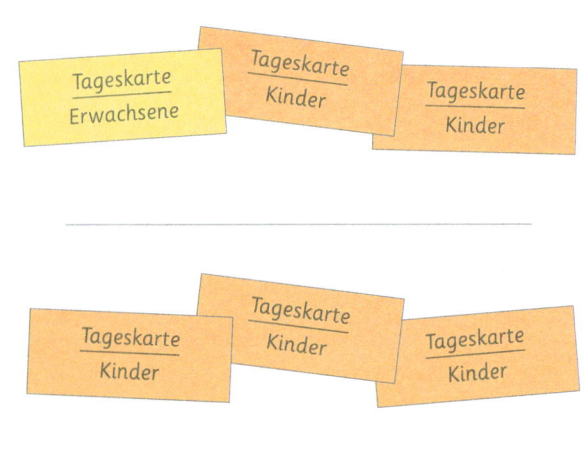

_____

Tageskarte Erwachsene / Tageskarte Kinder

12 € + 6 € = _____

_____

2 Wie viel Rückgeld?

Familie König kauft:

Sie gibt:

Sie bekommt zurück:

Ina kauft:

Sie gibt:

Sie bekommt zurück:

Eric kauft:

Er gibt:

Er bekommt zurück:

1, 2 Preistabellen betrachten und besprechen. Preise ggf. mit Rechengeld nachlegen. 2 Rückgeld zeichnen oder aufschreiben; ggf. auch Rechnung notieren.

→ Schülerbuch, Seite 22 → Arbeitsheft, Seite 13 → KV

Würfelgebäude

1 Baupläne zeichnen. Wer hat welchen Plan gezeichnet? Verbinde.

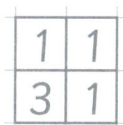

2 Zeichne die Baupläne.

1 Baupläne den Würfelgebäuden zuordnen. Ggf. Würfelgebäude nachbauen.   **2** Baupläne aus unterschiedlichen Perspektiven zeichnen.

→ Schülerbuch, Seiten 24/25   → Arbeitsheft, Seite 14

Zählen und Bündeln

10 Zehner sind 1 Hunderter.   1 Hunderter = 100

1 Wie viele?

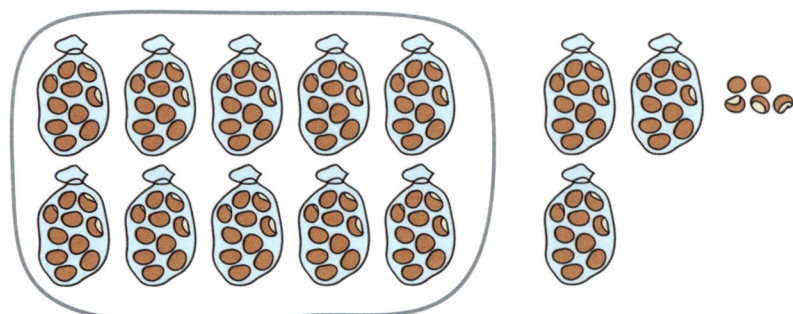

$\boxed{100}$

$\boxed{30}$

$\boxed{5}$

+   +   = 135

2 Bündele und rechne.

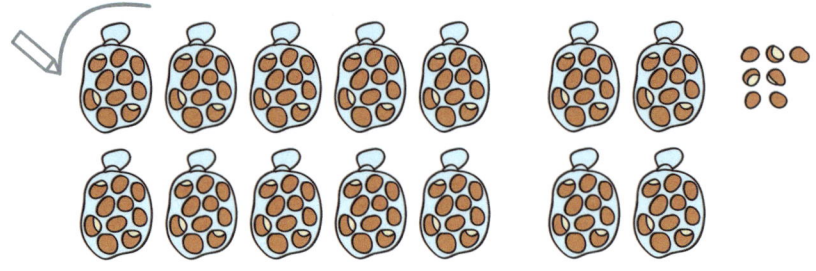

$\boxed{}$

$\boxed{}$

$\boxed{}$

+   +   =

3 Bündele und rechne.

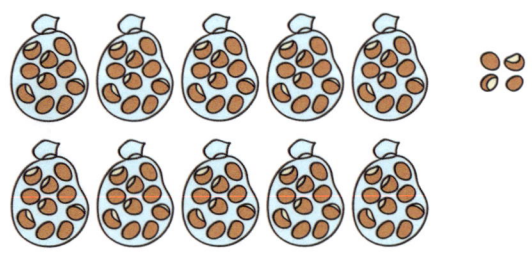

$\boxed{}$

$\boxed{}$

+   +   =

1–3 Anzahlen aus vorstrukturierter Darstellung mit der Einheit Hunderter bündeln (10 Zehner = 1 Hunderter), stellen-
gerechte Zahlzerlegung schreiben und addieren.

→ Schülerbuch, Seite 26   → Arbeitsheft, Seite 15   → KV

Zählen und Bündeln

1 Bündele und rechne.

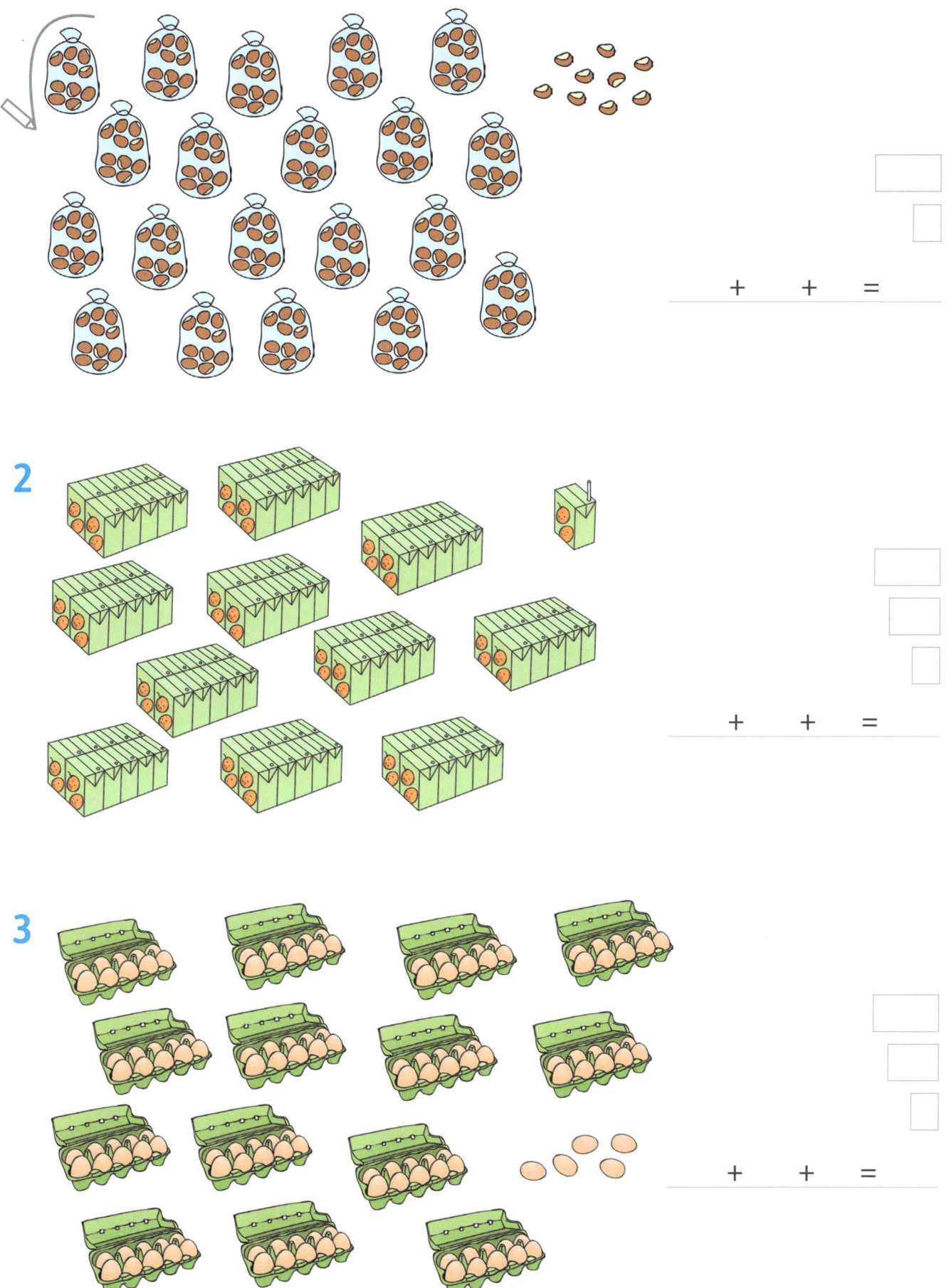

```
      +      +      =
```

2

```
      +      +      =
```

3

```
      +      +      =
```

1–3 Anzahlen aus vorstrukturierter Darstellung mit der Einheit Hunderter bündeln (10 Zehner = 1 Hunderter), stellengerechte Zahlzerlegung schreiben und addieren.

→ Schülerbuch, Seite 26   → Arbeitsheft, Seite 15   → KV

Die Zahlen bis 1000

1 Lege. Wie heißen die Zahlen?

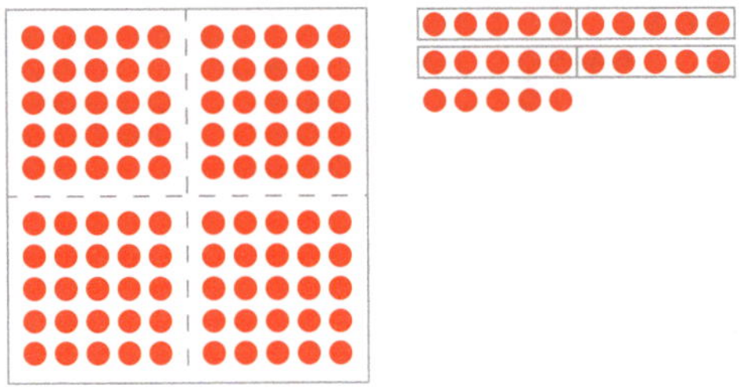

_1_ **H**underter	100	
_2_ **Z**ehner	20	
_5_ **E**iner	5	
	125	

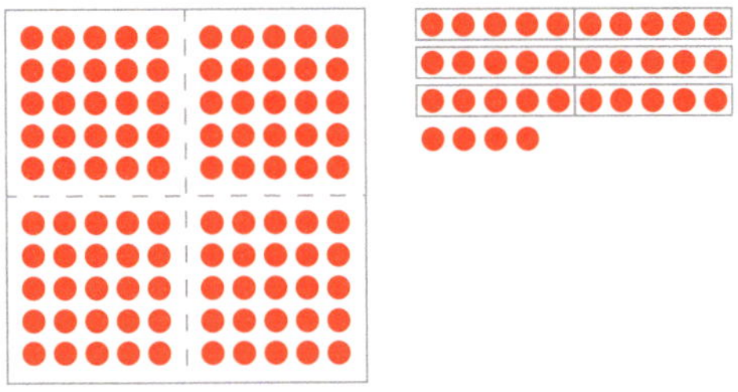

___ **H**underter ☐

___ **Z**ehner ☐

___ **E**iner ☐

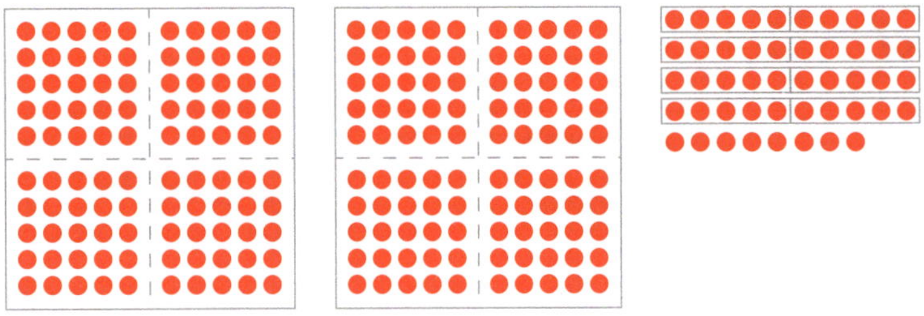

___ **H**underter ☐

___ **Z**ehner ☐

___ **E**iner ☐

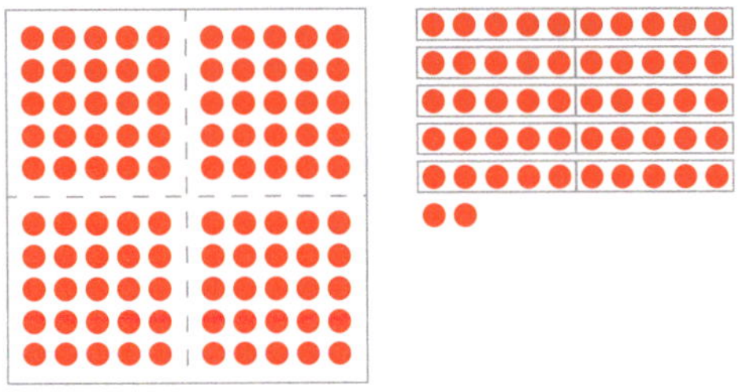

___ **H**underter ☐

___ **Z**ehner ☐

___ **E**iner ☐

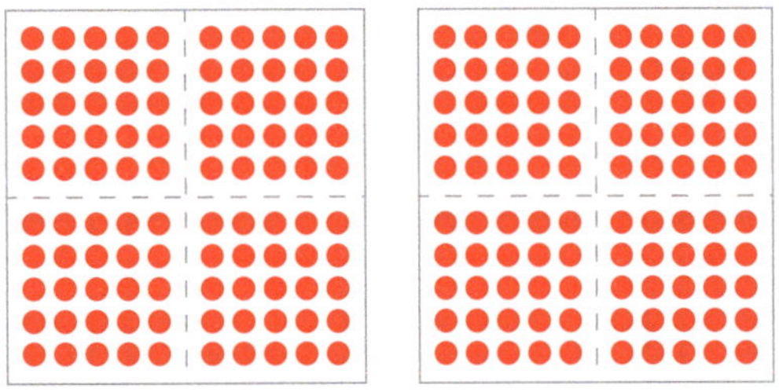

___ **H**underter ☐

___ **Z**ehner

___ **E**iner

1 Zahlen nachlegen und lesen. Stellenwerte ergänzen und Zahlenkarten beschriften (Zahlen mit Nullen in den Stellenwerten besprechen).

→ Schülerbuch, Seite 28   → Arbeitsheft, Seite 16   → KV

Die Zahlen bis 1000

1 Wie heißen die Zahlen? Schreibe als Aufgabe und als Zahl.

100 + 40 + 3 = _____　　　　　　　_____

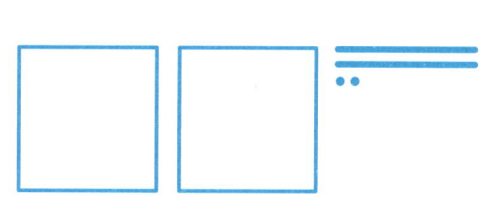

2 Wie viele Hunderter? Wie heißen die Zahlen?

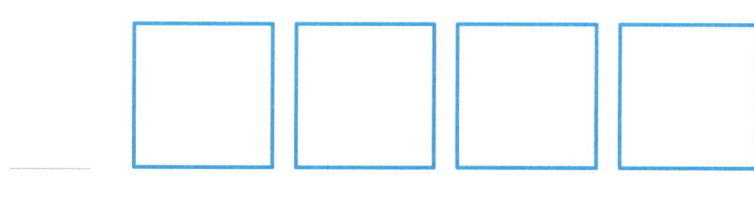

1 Gesamtzahlen anhand von Zahlbildern ablesen und berechnen. 2 Zahlen anhand von Zahlbildern ablesen und schreiben.

23

→ Schülerbuch, Seite 28　→ Arbeitsheft, Seite 16　→ KV

Die Stellentafel

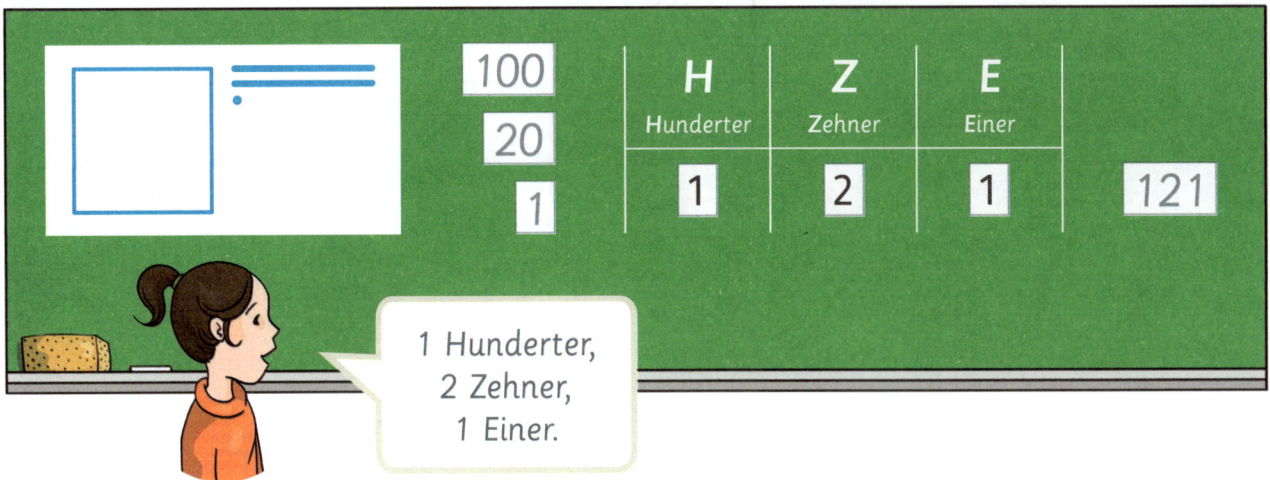

> 1 Hunderter,
> 2 Zehner,
> 1 Einer.

1 Schreibe die Zahlen in die Stellentafel.

H	Z	E	
2	0	5	205

200
5

H	Z	E	
1	2	3	

H	Z	E	

H	Z	E	

H	Z	E	

1 Zahlen aus Zahlbildern ablesen und in Stellentafel eintragen.

→ Schülerbuch, Seite 30   → Arbeitsheft, Seite 17   → KV

Die Stellentafel

1 Zeichne die Zahlbilder.

H	Z	E
1	0	5

H	Z	E
	1	5

H	Z	E
2	2	2

H	Z	E
2	4	6

2 Schreibe die Zahlen.

$200 + 20 + 5$

H	Z	E

$200 + 7$

H	Z	E

$200 + 6 + 30$

H	Z	E

$60 + 7$

H	Z	E

$7 + 40 + 200$

H	Z	E

$1 + 100$

H	Z	E

1 Zahlen aus Stellentafel in Zahlbilder übertragen. **2** Ergebnisse von Additionsaufgaben in Stellentafel eintragen, Position der Null beachten.

25

→ Schülerbuch, Seite 30 → Arbeitsheft, Seite 17 → KV

Das Punktefeld

1 Zeichne die Zahlbilder. Schreibe die Zahl.

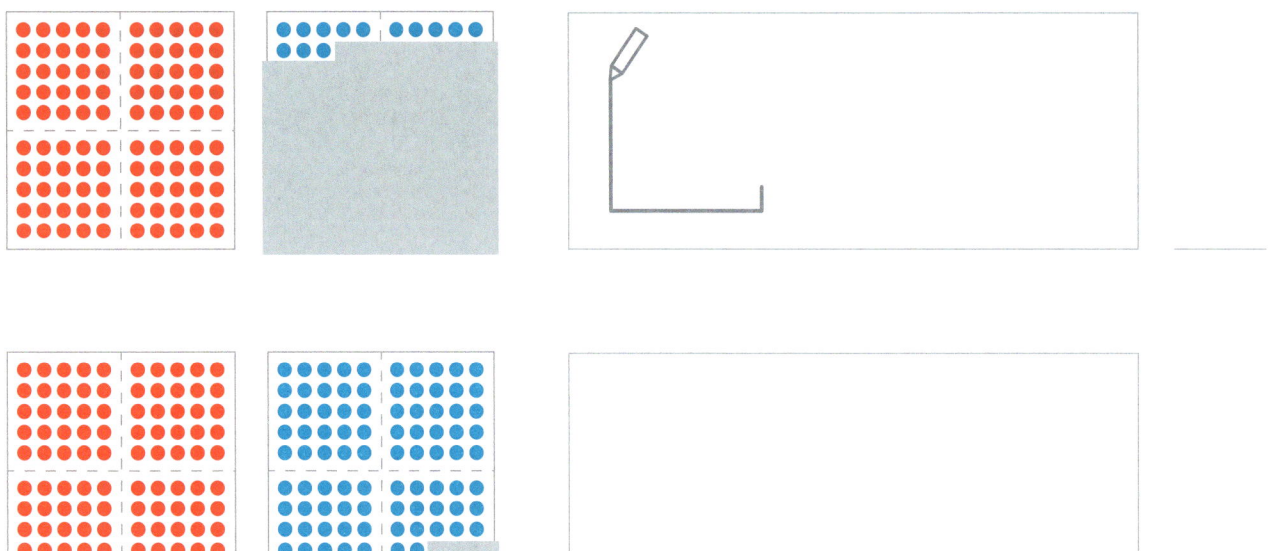

2 Schreibe die Zahlen in die Stellentafel und zerlege.

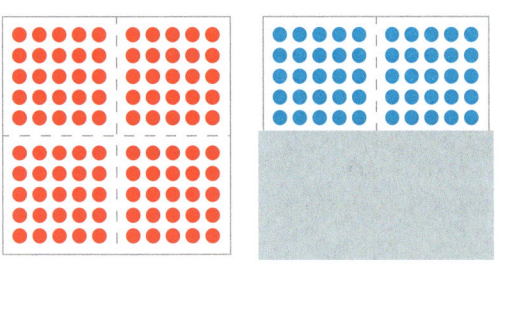

H	Z	E
1	5	0

$$150 = 100 + 50$$

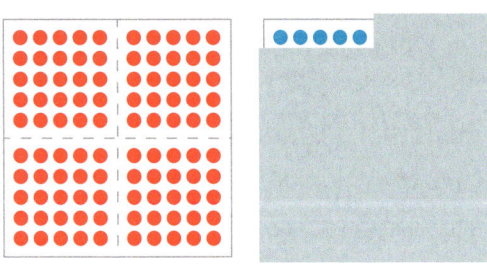

H	Z	E

$$=\underline{\hspace{3cm}}$$

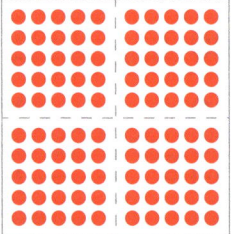 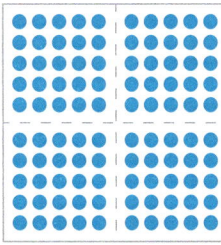 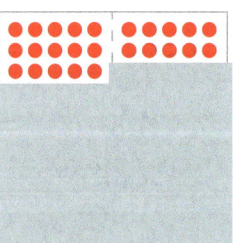

H	Z	E

$$=\underline{\hspace{3cm}}$$

1 Ablesen der Zahlen und Übersetzen der Zahlen in Zahlbilder. **2** Zahlen ablesen und in Stellentafel eintragen. Zerlegung der Zahlen in Hunderter, Zehner und Einer.

→ Schülerbuch, Seite 32   → Arbeitsheft, Seite 18   → KV

Das Punktefeld

1 Wie heißen die Zahlen? Ergänze.

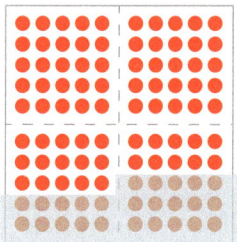

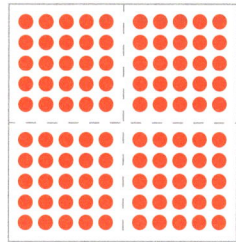

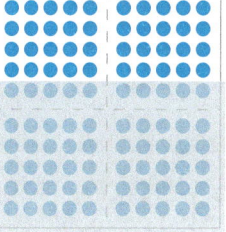

75 + 25 = 100

_____ = 200

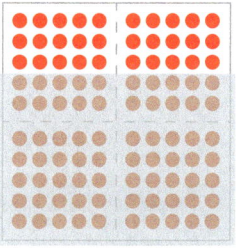

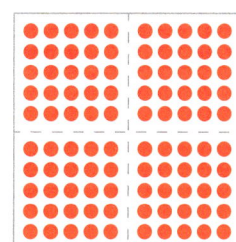

_____ = 100

_____ = 200

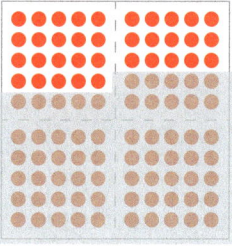

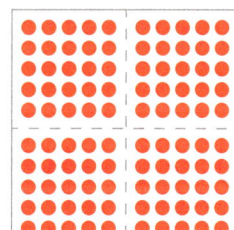

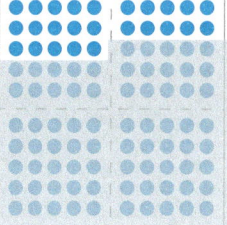

_____ = 100

_____ = 200

2 Ergänze.

Immer 100.	Immer 200.	Immer 250.
75 + ____ = 100	150 + ____ = 200	200 + ____ = 250
80 + ____ = 100	140 + ____ = 200	210 + ____ = 250
85 + ____ = 100	130 + ____ = 200	220 + ____ = 250
90 + ____ = 100	120 + ____ = 200	230 + ____ = 250

1 Ablesen von Zahlen. Bestimmen der verdeckten Anzahlen (Hunderterergänzung).   **2** Ergänzen zu 100, 200 und 250.

27

→ Schülerbuch, Seite 33   → Arbeitsheft, Seite 19   → KV

Der Zahlenstrahl

1 Welche Zahlen? Trage ein.

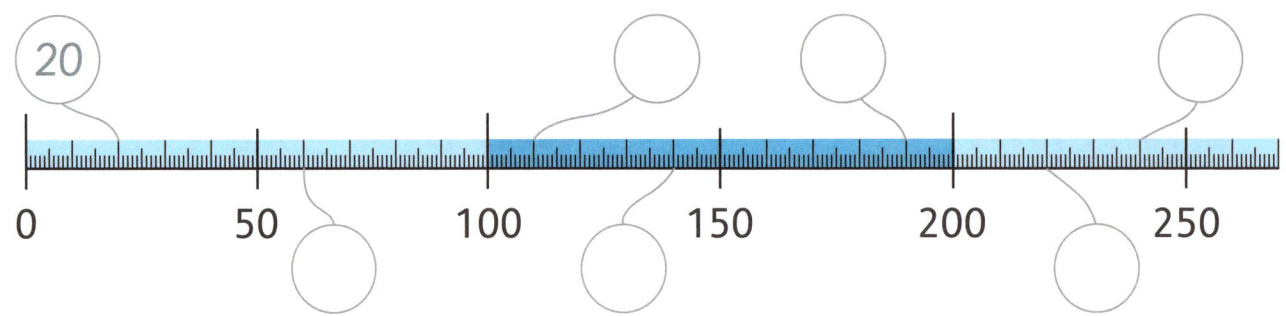

2 Verbinde.

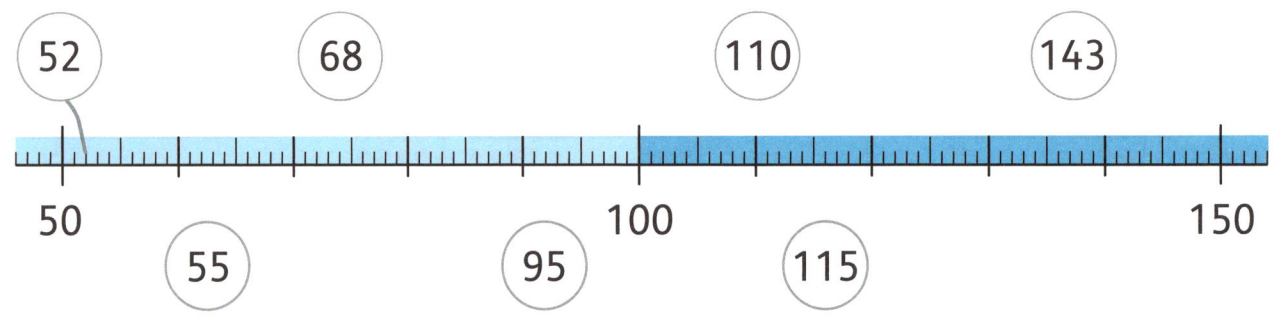

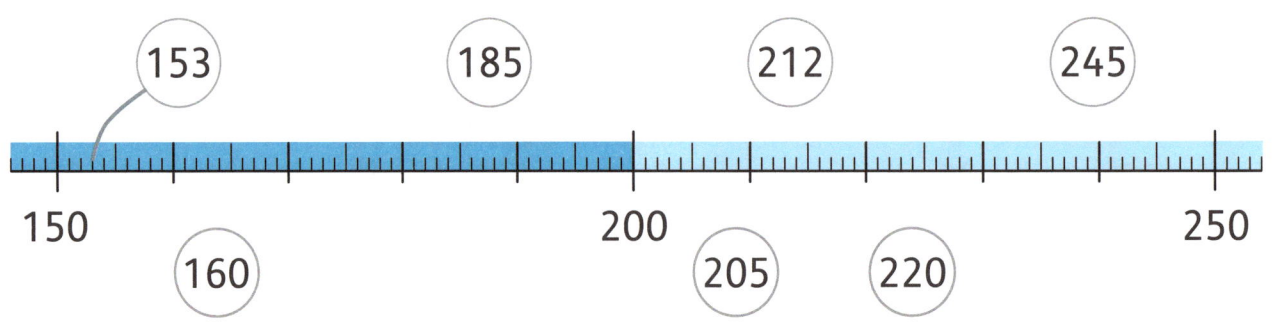

3 Nachbarzahlen. Finde Vorgänger und Nachfolger.

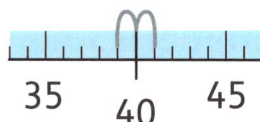

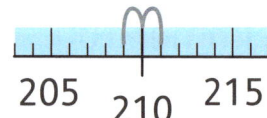

35   40   45   95   100   105   205   210   215

40 − 1 = _39_   100 − 1 = ___   210 − 1 = ___

40 + 1 = ___   100 + 1 = ___   210 + 1 = ___

_39_ , 40, ___   ___ , 100, ___   ___ , 210, ___

1 Zahlen am Zahlenstrahl ablesen.   **2** Zahlen mit ihrer Position auf dem Zahlenstrahl verbinden.   **3** Nachbarzahlen bestimmen.

→ Schülerbuch, Seite 34   → Arbeitsheft, Seite 20   → KV

Der Zahlenstrahl

1 Finde die passenden Nachbarzehner. Zeichne die Bögen.

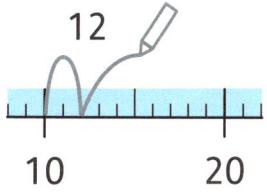

10 20	60 70	110 120

$12 - 2 = \_\_\_$
$12 + 8 = \_\_\_$

$65 - 5 = \_\_\_$
$65 + 5 = \_\_\_$

$114 - 4 = \_\_\_$
$114 + 6 = \_\_\_$

2 Nachbarzehner. Zeichne die Bögen und rechne.

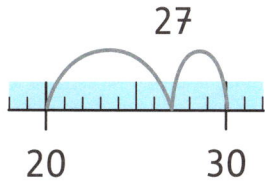

27	23	53
20 30	20 30	50 60

$27 - \_\_\_ = 20$
$27 + \_\_\_ = 30$

$23 - \_\_\_ = 20$
$23 + \_\_\_ = 30$

$53 - \_\_\_ = 50$
$53 + \_\_\_ = 60$

20 30	120 130	220 230

$25 - \_\_\_ = 20$
$25 + \_\_\_ = 30$

$125 - \_\_\_ = 120$
$125 + \_\_\_ = 130$

$225 - \_\_\_ = 220$
$225 + \_\_\_ = 230$

3 Finde eigene Zahlen. Zeichne die Bögen.

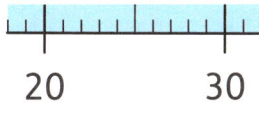

20 30	120 130	220 230

$\_\_\_ - \_\_\_ = 20$
$\_\_\_ + \_\_\_ = 30$

$\_\_\_ - \_\_\_ = 120$
$\_\_\_ + \_\_\_ = 130$

$\_\_\_ - \_\_\_ = 220$
$\_\_\_ + \_\_\_ = 230$

1 Nachbarzehner bestimmen. **2** Bestimmung der Differenz bzw. Ergänzung zum Nachbarzehner. **3** Auswahl eigener Zahlen unter Beachtung der vorgegebenen Nachbarzehner.

29

→ Schülerbuch, Seite 35   → Arbeitsheft, Seite 20   → KV

Der Rechenstrich

1 Trage die Zahlen ungefähr ein.

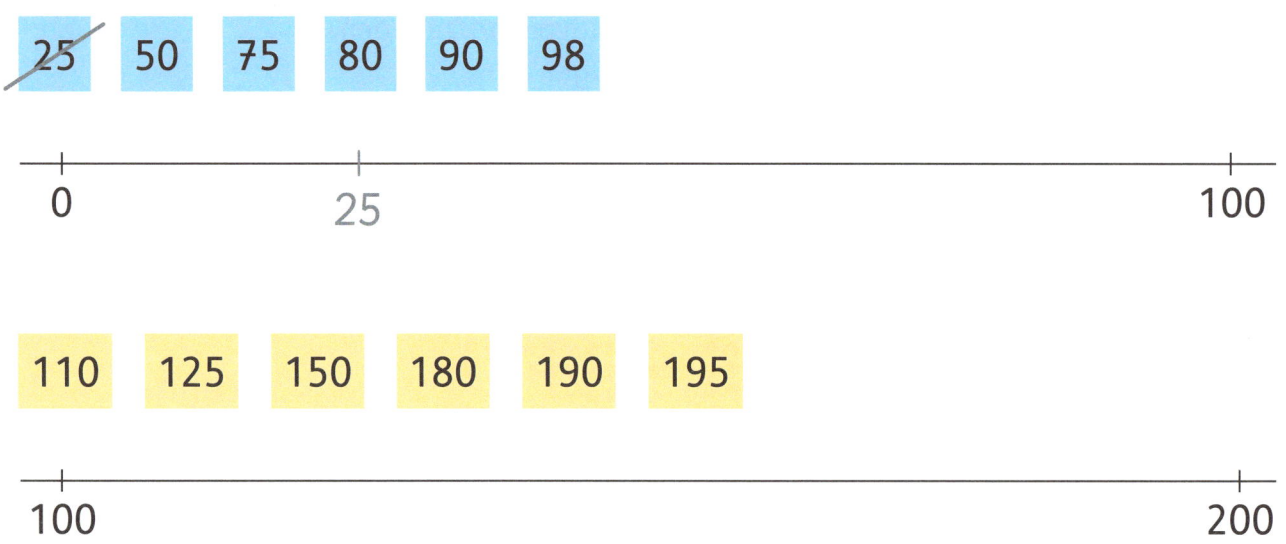

| 25 | 50 | 75 | 80 | 90 | 98 |

| 110 | 125 | 150 | 180 | 190 | 195 |

2 Wo passen die Zahlen? Trage ungefähr ein.

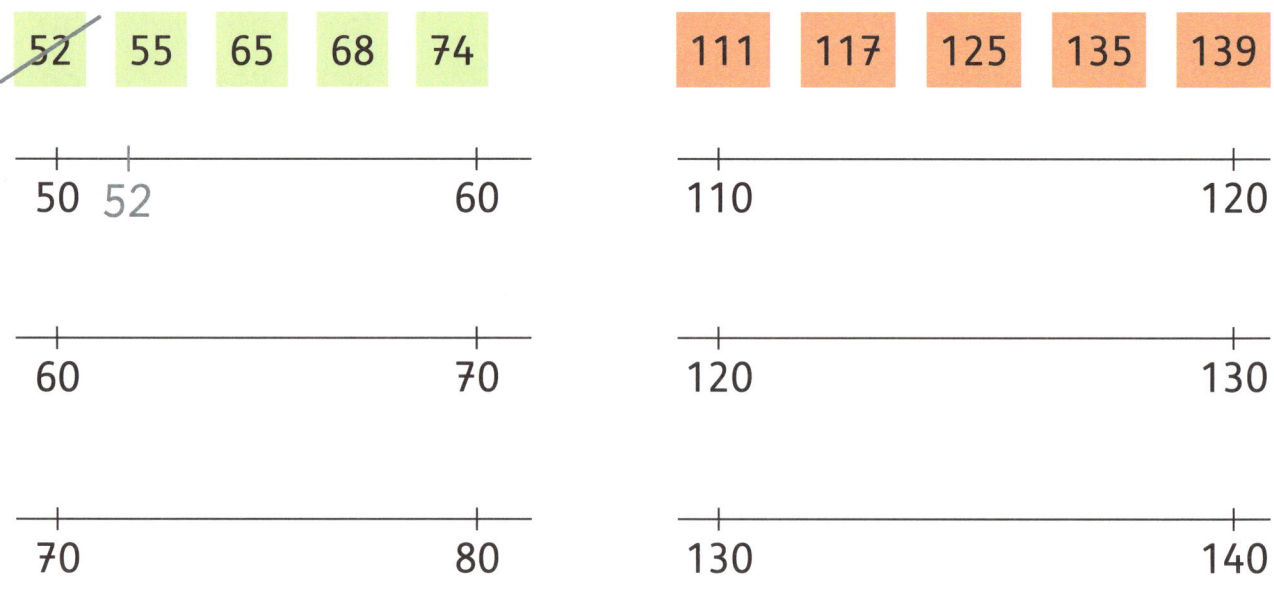

| 52 | 55 | 65 | 68 | 74 |

| 111 | 117 | 125 | 135 | 139 |

3 Immer 10 vor und zurück.

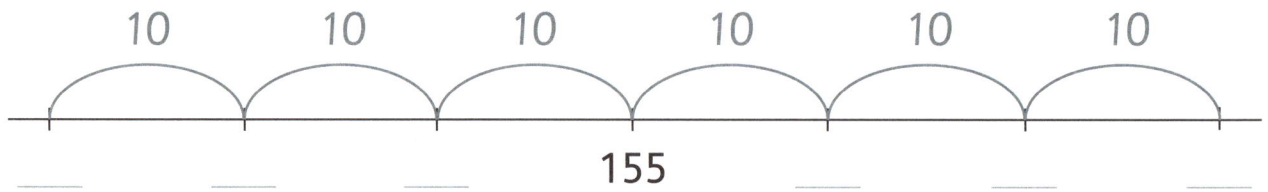

155

1 Zahlen am Rechenstrich ungefähr verorten. **2** Nachbarzehner von Zahlen erkennen und die Zahlen auf dem passenden Rechenstrich darstellen. **3** Sprünge mit 10 vorwärts und rückwärts vollziehen.

→ Schülerbuch, Seite 36 → Arbeitsheft, Seite 21 → KV

Ich kann die Zahlen bis 250 lesen, schreiben und zerlegen.
Ich kann Zahlen in die Stellentafel eintragen.
Ich kann Nachbarzahlen und Nachbarzehner finden.

1 Lege. Wie heißen die Zahlen?

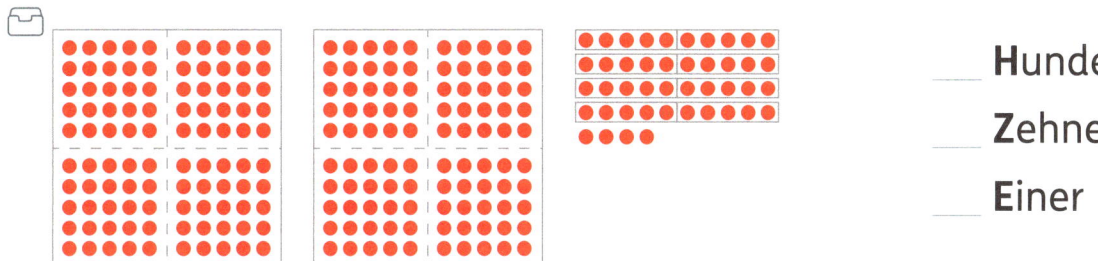

___ **H**underter
___ **Z**ehner
___ **E**iner

2 Schreibe die Zahlen in die Stellentafel.

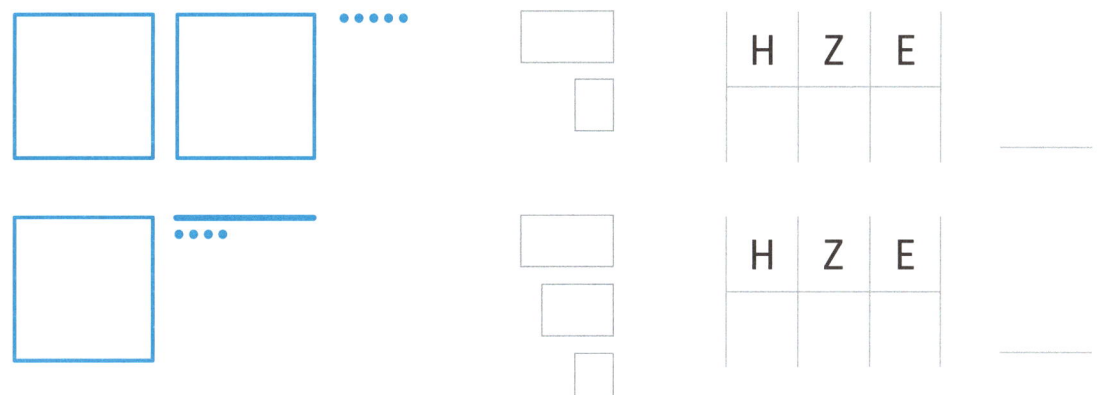

H	Z	E

H	Z	E

3 Nachbarzehner.

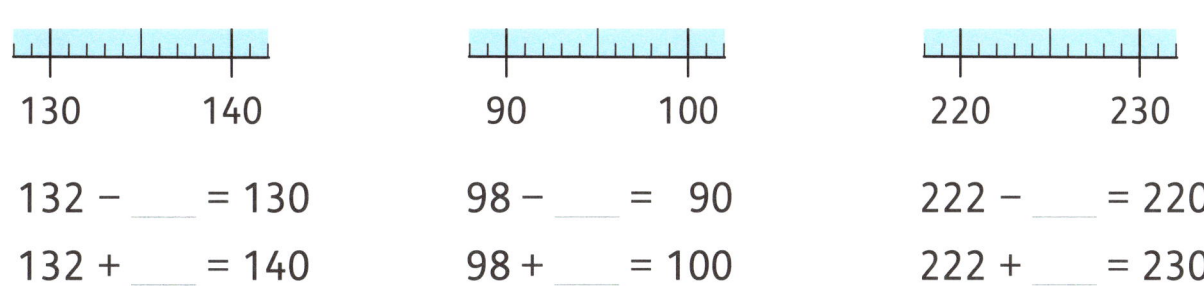

| 130 | 140 | | 90 | 100 | | 220 | 230 |

132 − ___ = 130   98 − ___ = 90   222 − ___ = 220
132 + ___ = 140   98 + ___ = 100   222 + ___ = 230

4 Immer 10 vor und zurück.

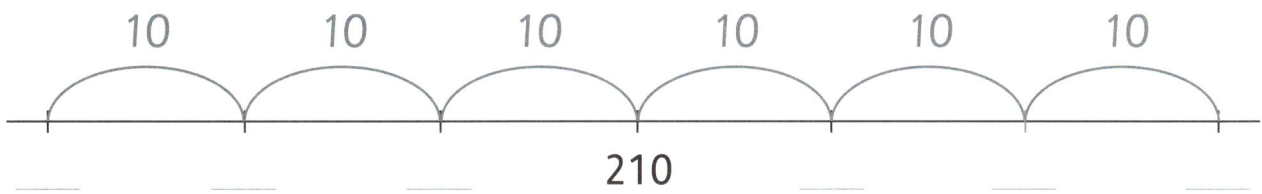

210

Wesentliche Aspekte des Kapitels noch einmal reflektieren.

→ Schülerbuch, Seite 38   → Arbeitsheft, Seite 22   → KV

Forschen und Finden: Die Stellentafel

1 Punkte in der Stellentafel. Schreibe die Zahlen.

H	Z	E
●	●●●●● ●●	●●●●

_____

H	Z	E
●●	●●●●	●●●●● ●●●

_____

H	Z	E
●●		●●●●●

_____

H	Z	E
●	●●●●● ●●●	●●●

_____

2 Male ein Plättchen dazu. Wie heißen die Zahlen.

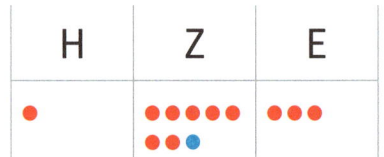

H	Z	E
●	●●●●● ●●●	●●●

173 + 10 = 183

H	Z	E
●	●●●●● ●●	●●●

173 +   =

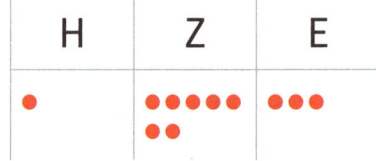

H	Z	E
●	●●●●● ●●	●●●

173 +   =

H	Z	E
●●	●●	●●●●● ●●●

228 +   =

H	Z	E
●●	●●	●●●●● ●●●

228 +   =

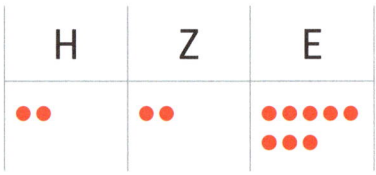

H	Z	E
●●	●●	●●●●● ●●●

228 +   =

3 Streiche ein Plättchen weg. Wie heißen die Zahlen.

H	Z	E
●	●●●●●	⁄

152 − 1 =

H	Z	E
●	●●●●●	●●

152 −   =

H	Z	E
●	●●●●●	●●

152 −   =

Aufgaben, die nicht bearbeitet werden, ggf. abdecken. **1** Zahlen aus der Stellentafel ablesen. **2, 3** Ausgangszahl durch Hinzufügen oder Wegnehmen von Plättchen verändern.

→ Schülerbuch, Seite 39   → Arbeitsheft, Seite 23   → KV

Geldwerte

1 Wie viel Euro?

	€
	€
	€
	€
	€

2 Lege und zeichne mit  .

✉ Immer 150 Euro.

Scheine

50	50	20	20	10	5
✏️					

1 Geldbeträge berechnen.   **2** Verschiedene Möglichkeiten finden, um eine vorgegebene Summe zu legen (ggf. weitere Summen vorgeben und legen bzw. zeichnen lassen).

→ Schülerbuch, Seiten 40/41

 33

Geldwerte

1 Lege und zeichne mit möglichst wenigen Scheinen.

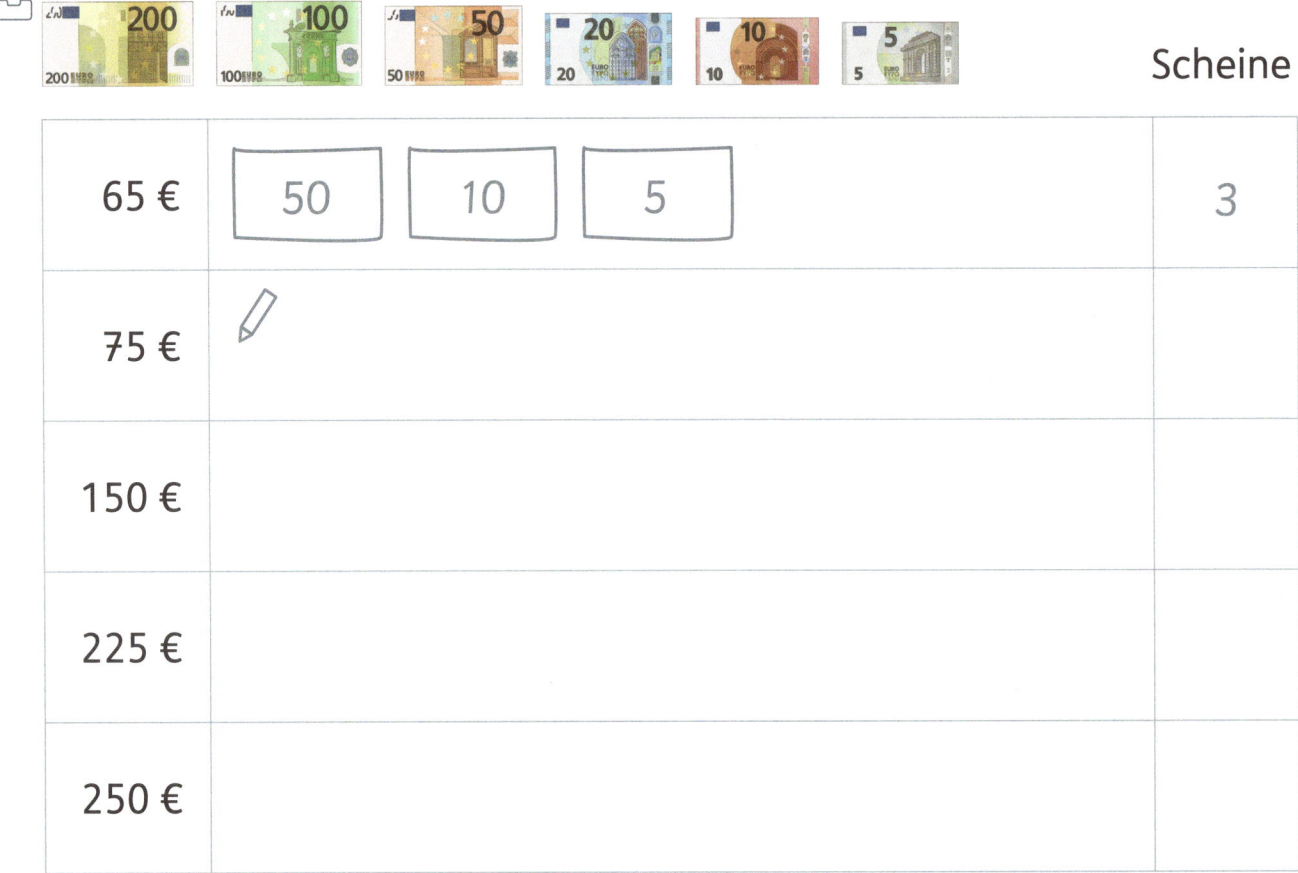

		Scheine
65 €	50 10 5	3
75 €	✏️	
150 €		
225 €		
250 €		

2 Lege und zeichne immer mit drei Scheinen.

70 €			
110 €			
130 €			
220 €			

1, 2 Eine vorgegebene Summe mit möglichst wenigen bzw. mit einer bestimmten Anzahl an Scheinen legen (ggf. weitere Summen vorgeben und legen bzw. zeichnen lassen).

→ Schülerbuch, Seiten 40/41

Längen: Zentimeter und Meter

1 m = 100 cm	2 m = 200 cm

1 Wie weit springen die Kinder? Verbinde.

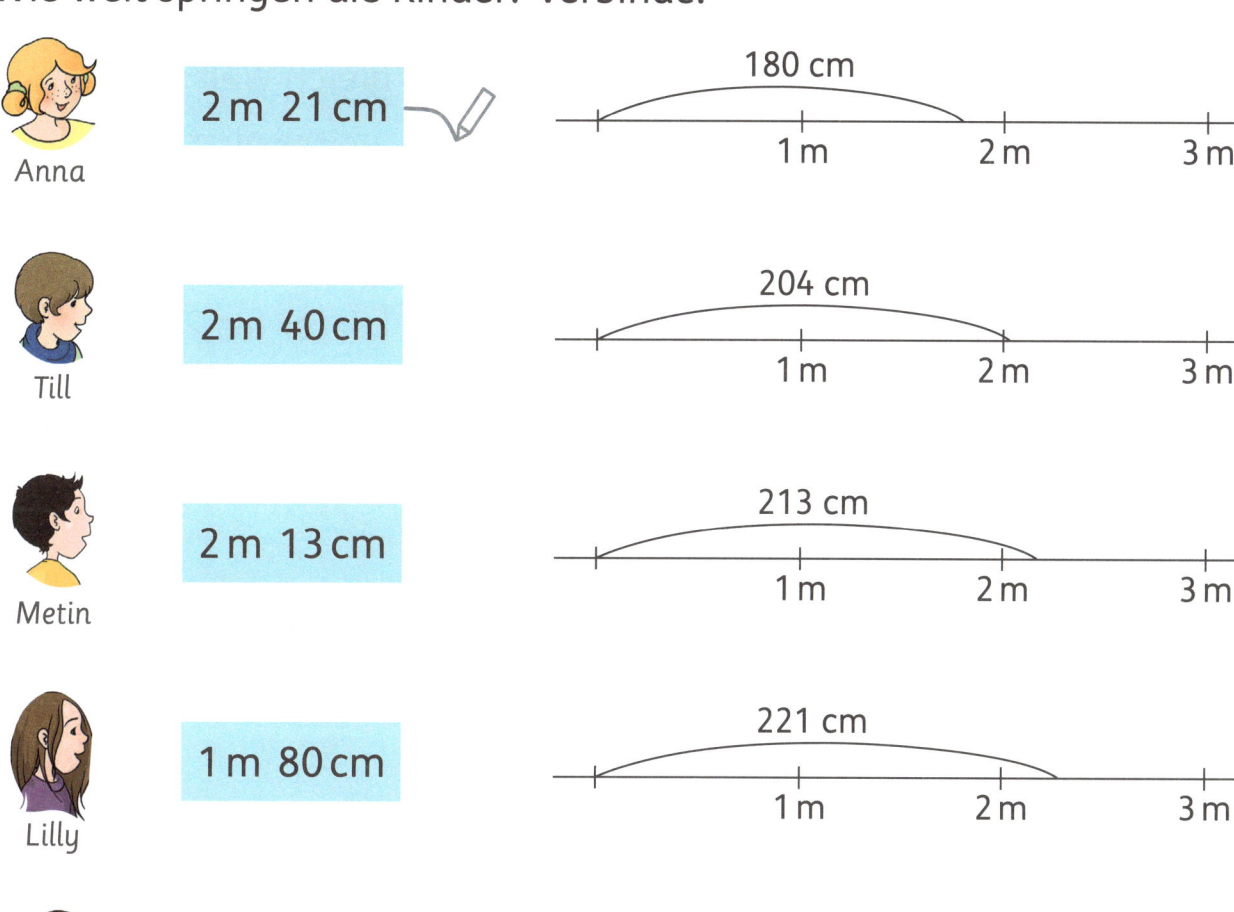

2 Wer springt weiter? Kreuze an.

1 Sprungweiten in zwei verschiedenen Weisen lesen sowie Maßangaben und Darstellung verbinden. **2** Maßangaben lesen und vergleichen; ggf. weitere Sprungweiten erproben, messen und aufzeichnen.

 35

→ Schülerbuch, Seiten 42/43   → Arbeitsheft, Seiten 24/25   → KV

Längen: Zentimeter und Meter

1 Was stimmt? Kreuze an.

2 m 13 cm ist

☐ kürzer als 2 m 30 cm.

☐ gleich weit wie 213 cm.

☐ weiter als 3 m.

1 m 95 cm ist

☐ kürzer als 2 m.

☐ gleich weit wie 95 cm.

☐ weiter als 100 cm.

3 m 5 cm ist

☐ kürzer als 3 m.

☐ gleich weit wie 305 cm.

☐ gleich weit wie 350 cm.

2 m 50 cm

☐ kürzer als 2 m.

☐ gleich weit wie 205 cm.

☐ gleich weit wie 250 cm.

2 Immer 1 Meter. Schreibe mit 10 cm 20 cm 25 cm 50 cm .

10 cm + 20 cm + 20 cm + 50 cm	25 cm + 25 cm + 

3 Immer 2 Meter. Schreibe mit 25 cm 50 cm 75 cm 1 m .

1 Längenangaben miteinander vergleichen.   2, 3 Maßangaben auf verschiedene Weisen zerlegen.

→ Schülerbuch, Seiten 42/43   → Arbeitsheft, Seiten 24/25   → KV

Einfache Aufgaben

1 Mit Hundertern rechnen.

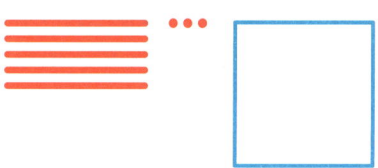

Es kommen nur Hunderter dazu. Das ist einfach.

$53 + 100 =$ _____

$28 + 100 =$ _____ $44 +$ ___ $=$ _____

2 Mit Zehnern rechnen.

$123 + 30 =$ _____ $226 + 20 =$ _____

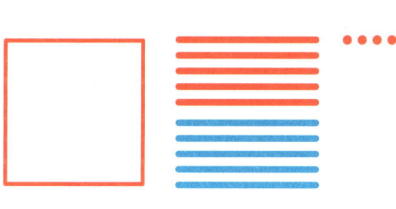

$156 + 50 =$ _____ $204 + 30 =$ _____

3 Mit Einern rechnen.

$113 + 5 =$ _____ $225 +$ ___ $=$ _____

$104 +$ ___ $=$ _____ $232 +$ ___ $=$ _____

1–3 Einfache Aufgaben in den Zahlbildern erkennen und rechnen. Mit den Kindern darüber sprechen, warum diese Aufgaben einfach sind und die Begriffe *Hunderter, Zehner* und *Einer* benutzen. Mit den Kindern darüber sprechen, wann eine neue Bündelungseinheit (ein neuer Zehner bzw. Hunderter) entsteht.

→ Schülerbuch, Seiten 46/47   → Arbeitsheft, Seite 26   → KV

Einfache Aufgaben

Wörter zum Erklären:

| die 1. Zahl | das Ergebnis | dazulegen | größer, kleiner, gleich |
| die 2. Zahl | Hunderter, Zehner, Einer | vertauschen | Wenn ..., dann ... |

1 Mit Hundertern rechnen. Vergleiche und erkläre.

$14 + 100 =$ ____ $\quad$ $200 + 50 =$ ____ $\quad$ $0 + 100 =$ ____ $\quad$ $100 + 5 =$ ____

$14 + 200 =$ ____ $\quad$ $100 + 150 =$ ____ $\quad$ $0 + 200 =$ ____ $\quad$ $200 + 5 =$ ____

$+0 \qquad +100$

2 Mit Zehnern rechnen. Vergleiche und erkläre.

$170 + 10 =$ ____ $\quad$ $139 + 30 =$ ____ $\quad$ $60 + 50 =$ ____ $\quad$ $181 + 10 =$ ____

$170 + 20 =$ ____ $\quad$ $139 + 40 =$ ____ $\quad$ $60 + 51 =$ ____ $\quad$ $181 + 20 =$ ____

$170 + 30 =$ ____ $\quad$ $139 + 50 =$ ____ $\quad$ $60 + 52 =$ ____ $\quad$ $181 + 30 =$ ____

$+0 \qquad +10$

3 Mit Einern rechnen. Vergleiche und erkläre.

$73 + 4 =$ ____ $\quad$ $214 + 5 =$ ____ $\quad$ $177 + 2 =$ ____ $\quad$ $102 + 2 =$ ____

$73 + 5 =$ ____ $\quad$ $214 + 6 =$ ____ $\quad$ $178 + 2 =$ ____ $\quad$ $102 + 3 =$ ____

$156 + 4 =$ ____ $\quad$ $95 + 8 =$ ____ $\quad$ $107 + 4 =$ ____ $\quad$ $77 + 7 =$ ____

$156 + 3 =$ ____ $\quad$ $96 + 8 =$ ____ $\quad$ $107 + 3 =$ ____ $\quad$ $88 + 8 =$ ____

4 Welche Aufgabe findest du einfacher? Kreuze an.

☐ $55 + 6 =$ ____ $\qquad$ ☐ $123 + 7 =$ ____

☐ $6 + 55 =$ ____ $\qquad$ ☐ $7 + 123 =$ ____

☐ $3 + 118 =$ ____ $\qquad$ ☐ $5 + 199 =$ ____

☐ $118 + 3 =$ ____ $\qquad$ ☐ $199 + 5 =$ ____

☐ $100 + 33 =$ ____ $\qquad$ ☐ $100 + 51 =$ ____

☐ $33 + 100 =$ ____ $\qquad$ ☐ $51 + 100 =$ ____

1–3 Aufgabenserien rechnen und die dekadische Veränderung erkennen sowie die Veränderung der Ergebnisse erklären. Ggf. mit Material darstellen oder Zahlbilder nutzen. Fachbegriffe zum Erklären benutzen. 4 Aufgaben rechnen, ggf. zeichnen oder legen und die Kommutativität erkennen und erklären. Besprechen, welche Aufgaben einfach sind.

→ Schülerbuch, Seiten 46/47 → Arbeitsheft, Seite 26 → KV

Einfache Aufgaben

1 Mit Hundertern rechnen. Zeichne und rechne.

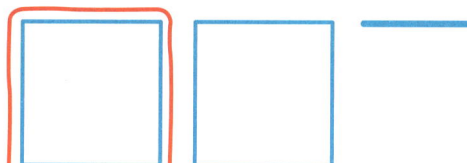

213 − 100 = _____

1 Hunderter wegnehmen. Das ist einfach.

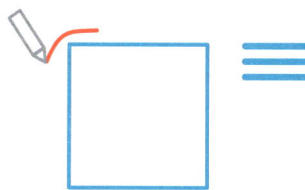

136 − 100 = _____

148 − 100 = _____

2 Mit Zehnern rechnen. Zeichne und rechne.

240 − 50 = _____

Ich muss den Hunderter anbrechen.

133 − 30 = _____

250 − 70 = _____

3 Mit Einern rechnen. Zeichne und rechne.

133 − 4 = _____

Ich muss den Zehner anbrechen.

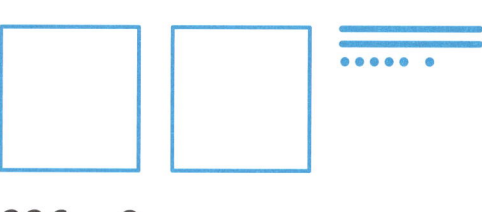

226 − 8 = _____

135 − 8 = _____

1–3 Einfache Minusaufgaben in den Zahlbildern darstellen und rechnen. Mit den Kindern darüber sprechen, wann ein Zehner oder Hunderter angebrochen werden muss.

→ Schülerbuch, Seiten 46/47   → Arbeitsheft, Seite 26   → KV

Einfache Aufgaben

Wörter zum Erklären:

| die 1. Zahl | das Ergebnis | anbrechen | wegnehmen |
| die 2. Zahl | Hunderter, Zehner, Einer | größer, kleiner | Wenn ..., dann ... |

1 Mit Hundertern rechnen. Vergleiche und erkläre.

$233 - 200 =$ _____

$233 - 100 =$ _____

+0   −100

$207 - 100 =$ _____

$207 - 200 =$ _____

$200 - 200 =$ _____

$200 - 100 =$ _____

2 Mit Zehnern rechnen. Vergleiche und erkläre.

$180 - 10 =$ _____

$180 - 20 =$ _____

$180 - 30 =$ _____

+0   +10

$139 - 30 =$ _____

$139 - 20 =$ _____

$139 - 10 =$ _____

$241 - 20 =$ _____

$241 - 10 =$ _____

$241 - 0 =$ _____

$199 - 50 =$ _____

$199 - 70 =$ _____

$199 - 99 =$ _____

3 Mit Einern rechnen. Vergleiche und erkläre.

$117 - 5 =$ _____

$117 - 6 =$ _____

$117 - 7 =$ _____

+0   +1

$159 - 4 =$ _____

$159 - 6 =$ _____

$159 - 8 =$ _____

$221 - 1 =$ _____

$221 - 2 =$ _____

$221 - 3 =$ _____

$209 - 5 =$ _____

$209 - 7 =$ _____

$209 - 9 =$ _____

4 Wann musst du einen Zehner anbrechen? Kreuze an.

☐ $114 - 4 =$ _____

☐ $114 - 5 =$ _____

☐ $222 - 3 =$ _____

☐ $222 - 2 =$ _____

☐ $251 - 4 =$ _____

☐ $251 - 5 =$ _____

5 Wann musst du einen Hunderter anbrechen? Kreuze an.

☐ $118 - 10 =$ _____

☐ $118 - 20 =$ _____

☐ $207 - 10 =$ _____

☐ $217 - 10 =$ _____

☐ $145 - 50 =$ _____

☐ $145 - 40 =$ _____

1–3 Aufgabenpaare und -serien rechnen, ggf. zeichnen oder legen und die Veränderung erkennen sowie die Veränderung der Ergebnisse beschreiben. **4, 5** Aufgaben reflektieren und ankreuzen, ob ein Zehner bzw. Hunderter angebrochen wurde. Mit den Kindern darüber sprechen, wann dies der Fall ist.

→ Schülerbuch, Seiten 46/47   → Arbeitsheft, Seite 26   → KV

Verdoppeln und Halbieren

1 **Verdopple**. Lege und rechne.

| 23 | 34 | 60 |

Halbiere. Lege und rechne.

| 44 | 30 | 90 |

2 Verdopple. Zeichne und rechne.

26 + 26 = _____

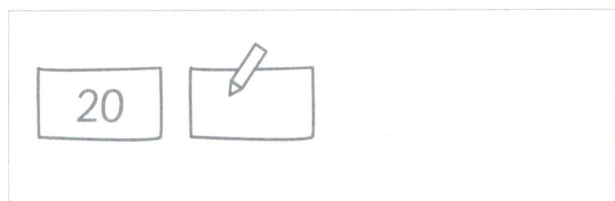

55 + 55 = _____

61 + 61 = _____

Halbiere. Zeichne und rechne.

50 = _____ + _____

120 = _____ + _____

88 = _____ + _____

1 Verdopplungs- und Halbierungsaufgaben mit Geld legen und rechnen. **2** Verdopplungs- und Halbierungsaufgaben mit Geld zeichnen und berechnen.

41

→ Schülerbuch, Seiten 48/49   → Arbeitsheft, Seite 27   → KV

Rechenwege bei der Addition

1 Welche Beschreibung passt zu welcher Rechnung? Verbinde.

Ich rechne **schrittweise**. Zuerst die Zehner dazu, dann noch die Einer.

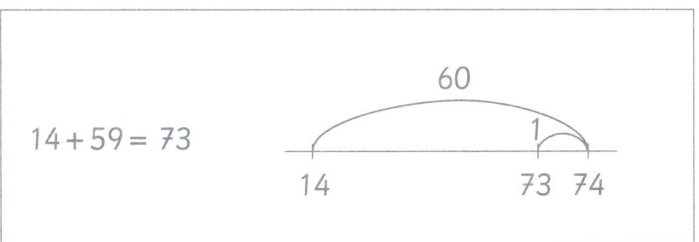

$14 + 59 = 73$
$10 + 50 = 60$
$4 + 9 = 13$

Ich rechne mit einer **Hilfsaufgabe**. Denn die zweite Zahl ist nah am Zehner. Zuerst die Zehner dazu. Dann ziehe ich ab, was zuviel ist.

50   9

14   64   73

$14 + 59 = 73$
$14 + 50 = 64$
$64 + 9 = 73$

Ich rechne **Zehner und Einer extra**. Erst Zehner plus Zehner, dann Einer plus Einer.

$14 + 59 = 73$

60

1

14   73 74

2

Ich rechne **schrittweise**. Zuerst die Zehner dazu, dann noch die Einer.

$64 + 89 = 153$

90

1

64   153 154

Ich rechne mit einer **Hilfsaufgabe**. Denn die zweite Zahl ist nah am Zehner. Zuerst die Zehner dazu. Dann ziehe ich ab, was zuviel ist.

80   9

64   144   153

$64 + 89 = 153$
$64 + 80 = 144$
$144 + 9 = 153$

Ich rechne **Zehner und Einer extra**. Erst Zehner plus Zehner, dann Einer plus Einer.

$64 + 89 = 153$
$60 + 80 = 140$
$4 + 9 = 13$

1, 2 Rechenstrategien und Beschreibungen zuordnen. Ggf. weitere Aufgaben lösen und beschreiben.

→ Schülerbuch, Seiten 50/51   → Arbeitsheft, Seite 28   → KV

Rechenwege bei der Addition

1 **Zehner und Einer extra**. Rechne und beschreibe.

24 + 43 = _____

20 + 40 = _____

4 + 3 = _____

43 + 35 = _____

56 + 18 = _____

64 + 25 = _____

55 + 23 = _____

89 + 8 = _____

___ + ___ = ___

2 **Schrittweise**. Rechne und beschreibe.

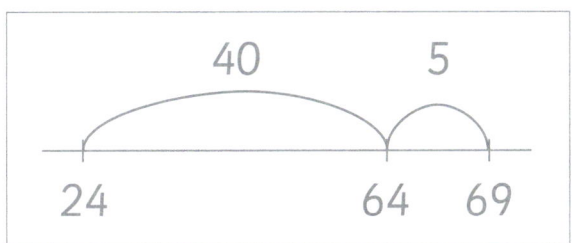

24 + 45 = _____

24 + 40 = 64

64 + 5 = _____

35 + 48 = _____

26 + 72 = _____

77 + 21 = _____

56 + 55 = _____

13 + 78 = _____

___ + ___ = ___

1, 2 Additionsaufgaben mit der Strategie „Zehner und Einer extra" bzw. „Schrittweise" rechnen und den Rechenweg beschreiben. Die Beschreibungen auf S. 42 können als Sprachvorbild dienen.

43

→ Schülerbuch, Seiten 50/51   → Arbeitsheft, Seite 28   → KV

Rechenwege bei der Addition

1 **Hilfsaufgabe**. Rechne am Rechenstrich.

24 + 69 = ____

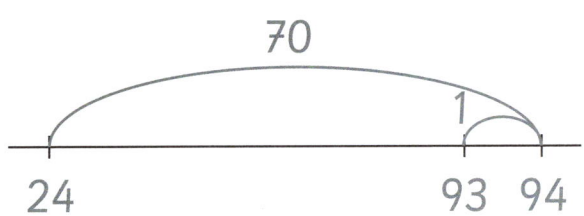

69 ist nah an einer Zehnerzahl.

24 + 49 = ____

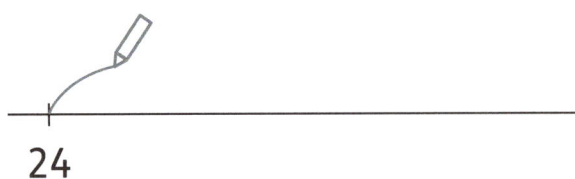

35 + 48 = ____

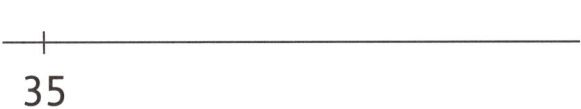

34 + 99 = ____

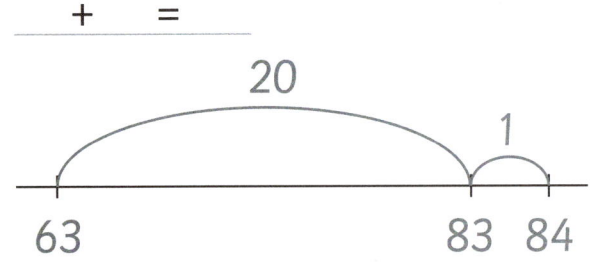

15 + 198 = ____

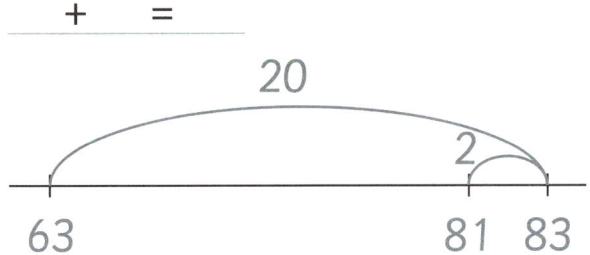

2 Welche Plusaufgabe wurde gerechnet?

____ + ____ = ____

____ + ____ = ____

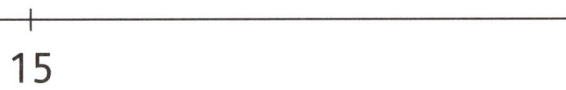

____ + ____ = ____

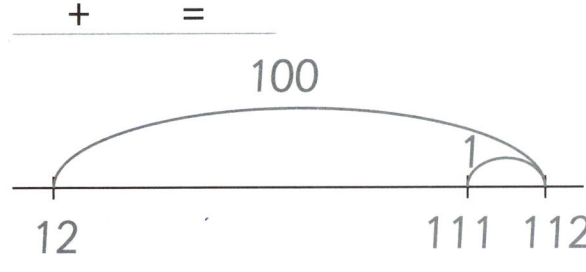

____ + ____ = ____

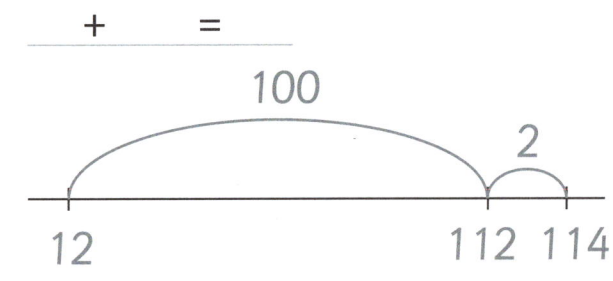

44

1 Aufgaben mit der Strategie „Hilfsaufgaben" lösen und den Rechenweg beschreiben. **2** Aufgaben zu Zeichnungen am Rechenstrich finden und entscheiden, welche Strategie genutzt wurde.

→ Schülerbuch, Seiten 50/51 → Arbeitsheft, Seite 28 → KV

Rechenwege bei der Subtraktion

1 Welche Beschreibung passt zu welcher Rechnung? Verbinde.

Ich rechne **schrittweise**. Zuerst die Zehner abziehen, dann die Einer.

$$82 - 49 = 33$$
$$80 - 40 = 40$$
$$2 - \ 9 = -7$$

Ich rechne **Zehner und Einer extra**. Zehner minus Zehner. Einer minus Einer. Ich muss den Zehner anbrechen.

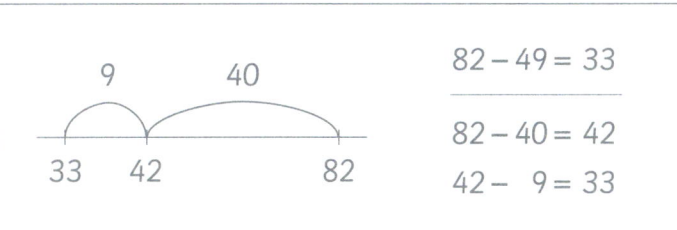

$$82 - 49 = 33$$
$$82 - 40 = 42$$
$$42 - \ 9 = 33$$

Ich rechne mit einer **Hilfsaufgabe**. Denn die zweite Zahl ist nah am Zehner. Zuerst die Zehner zurück. Dann wieder einen Einer vor.

$$82 - 49 = 33$$

[Zahlenstrahl: 32 33 ... 82, Bögen 1 und 50]

2

Ich rechne **schrittweise**. Zuerst die Zehner abziehen, dann die Einer.

$$93 - 58 = 35$$

[Zahlenstrahl: 33 35 ... 93, Bögen 2 und 60]

Ich rechne **Zehner und Einer extra**. Zehner minus Zehner. Einer minus Einer. Ich muss den Zehner anbrechen.

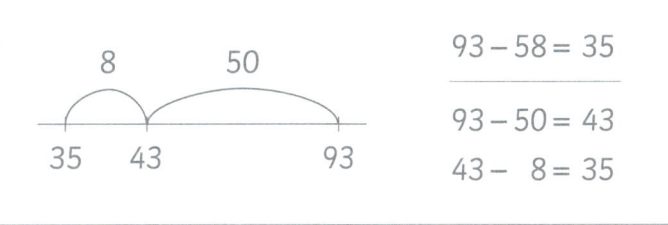

$$93 - 58 = 35$$
$$93 - 50 = 43$$
$$43 - \ 8 = 35$$

Ich rechne mit einer **Hilfsaufgabe**. Denn die zweite Zahl ist nah am Zehner. Zuerst die Zehner zurück. Dann wieder zwei Einer vor.

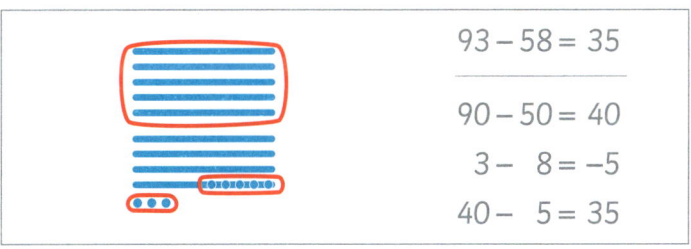

$$93 - 58 = 35$$
$$90 - 50 = 40$$
$$3 - \ 8 = -5$$
$$40 - \ 5 = 35$$

1, 2 Rechenstrategien und Beschreibungen zuordnen. Ggf. weitere Aufgaben lösen und beschreiben.

→ Schülerbuch, Seiten 52/53   → Arbeitsheft, Seite 29   → KV

Rechenwege bei der Subtraktion

1 **Zehner und Einer extra**. Zeichne, rechne und beschreibe. Vergleiche.

43 − 27 =
_____

40 −

_____

47 − 23 =
_____

_____

71 − 35 =
_____

_____

75 − 31 =
_____

_____

2 **Schrittweise**. Rechne am Rechenstrich. Beschreibe.

78 − 55 = ____

108 − 55 = ____

81 − 43 = ____

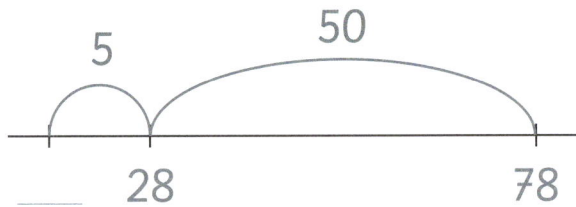

81

101 − 43 = ____

101

120 − 18 = ____

120 − 29 = ____

1, 2 Subtraktionsaufgaben mit der Rechenstrategie „Zehner und Einer extra" bzw. „Schrittweise" rechnen. Vorgehensweisen beschreiben. Dabei die Sprachvorbilder auf Seite 45 nutzen.

→ Schülerbuch, Seiten 52/53   → Arbeitsheft, Seite 29

Rechenwege bei der Subtraktion

1 **Hilfsaufgabe**. Rechne am Rechenstrich. Beschreibe.

63 − 29 = _____

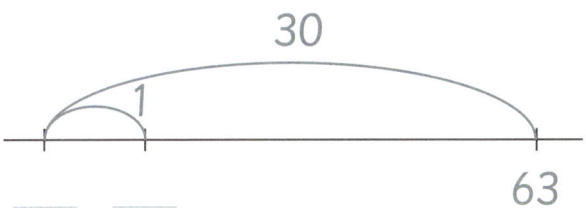

Die zweite Zahl ist nah an einer Zehnerzahl.

82 − 49 = _____

95 − 29 = _____

101 − 19 = _____

143 − 68 = _____

2 Welche Minusaufgabe wurde gerechnet?

_____ − _____ = _____

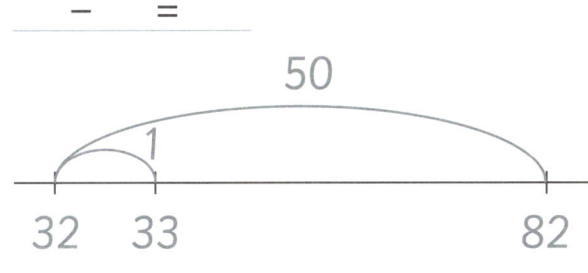

_____ − _____ = _____

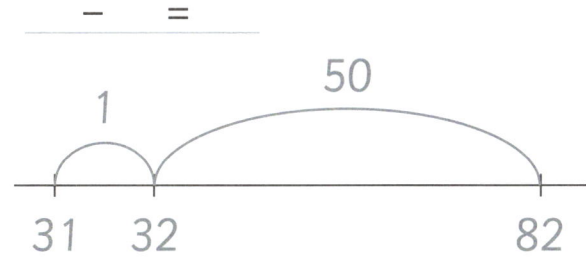

_____ − _____ = _____

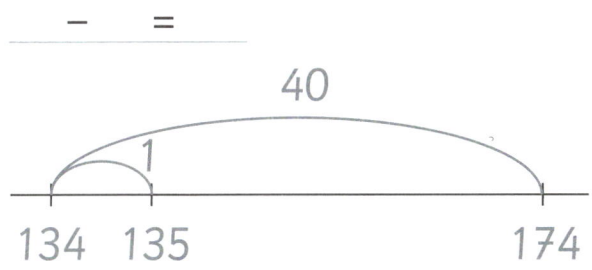

_____ − _____ = _____

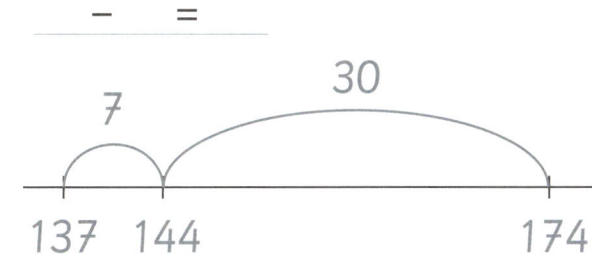

1 Aufgaben mit der Strategie „Hilfsaufgaben" lösen und den Rechenweg beschreiben. **2** Aufgaben zu Zeichnungen am Rechenstrich finden und entscheiden, welche Strategie genutzt wurde.

→ Schülerbuch, Seiten 52/53   → Arbeitsheft, Seite 29

Ergänzen

1 Ergänze schrittweise. Rechne und schreibe wie Ben oder Till.

68 + ___ = 102

68   102

89 + ___ = 101

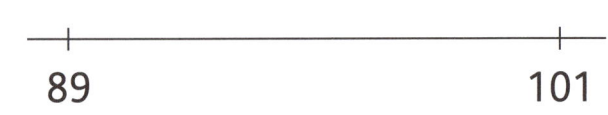

89   101

82 + ___ = 99

76 + ___ = 81

63 + ___ = 87

87 + ___ = 103

2 Ergänze im Kopf.

69 + ___ = 100	94 + ___ = 110	55 + ___ = 77	123 + ___ = 223
68 + ___ = 90	95 + ___ = 110	44 + ___ = 77	124 + ___ = 224
77 + ___ = 80	98 + ___ = 100	30 + ___ = 56	205 + ___ = 215
77 + ___ = 90	108 + ___ = 110	20 + ___ = 56	215 + ___ = 225

1 Ergänzen am Rechenstrich. Zwei verschiedene Möglichkeiten beschreiben und erproben. Mit den Kindern über die Unterschiede und Gemeinsamkeiten der Rechenwege sprechen. **2** Schöne Päckchen durch Ergänzen lösen.

→ Schülerbuch, Seiten 54/55 → Arbeitsheft, Seite 30 → KV

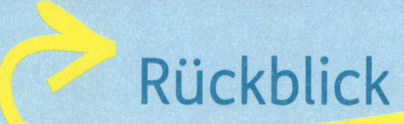
Ich kann einfache Plus- und Minusaufgaben sicher rechnen.
Ich kann Rechenwege für Plus- und Minusaufgaben finden.

1

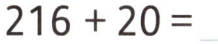

216 + 20 = _____   230 − 50 = _____

2 Einfache Aufgaben.

123 + 100 = ____   123 + 30 = ____   85 + 80 = ____   185 + 5 = ____

123 − 100 = ____   123 − 20 = ____   85 − 80 = ____   185 − 5 = ____

3 Zehner und Einer extra. Rechne.

56 + 34 =   72 + 62 =   82 − 35 =

_____   _____   _____

_____   _____   _____

_____   _____   _____

4 Hilfsaufgabe oder **Schrittweise.** Rechne.

104 + 29 = ____   86 − 39 = ____

104   86

5 Ergänze.

112 + ____ = 123   145 + ____ = 152

112   123   145   152

Wesentliche Aspekte des Kapitels noch einmal reflektieren.

 49

→ Schülerbuch, Seite 56   → Arbeitsheft, Seite 31

Marta   Murat

Bei beiden Zahlen kommen immer 10 dazu.

Das Ergebnis ist immer ungerade.

1 Rechne. Vergleiche. Erkläre. ▢

14 + 15 = ___	23 + 24 = ___	8 + 9 = ___	___ + ___ = ___
24 + 25 = ___	33 + 34 = ___	18 + ___ = ___	___ + ___ = ___
34 + ___ = ___	43 + 44 = ___	___ + ___ = ___	___ + ___ = ___
___ + ___ = ___	___ + ___ = ___	___ + ___ = ___	___ + ___ = ___

2 Rechne. Vergleiche. Erkläre. ▢

7 + 17 = ___	14 + 24 = ___	42 + 52 = ___	___ + ___ = ___
8 + 18 = ___	15 + 25 = ___	43 + 53 = ___	___ + ___ = ___
9 + 19 = ___	16 + ___ = ___	44 + ___ = ___	___ + ___ = ___
10 + 20 = ___	___ + ___ = ___	___ + ___ = ___	___ + ___ = ___

Mit den Kindern die Aussagen in den Sprechblasen besprechen. **1** Summen von nebeneinander stehenden Zahlen in der Tafel finden und berechnen. Ergebnisse vergleichen und erklären. Dabei die Aussagen in den Sprechblasen und die Zahlbilder nutzen. **2** Summe von untereinander stehenden Zahlen in der Tafel finden und berechnen. Ergebnisse vergleichen und beschreiben.

→ Schülerbuch, Seite 57   → Arbeitsheft, Seite 32

Formen aus Quadraten

1 Immer zwei Formen sind gleich. Verbinde.

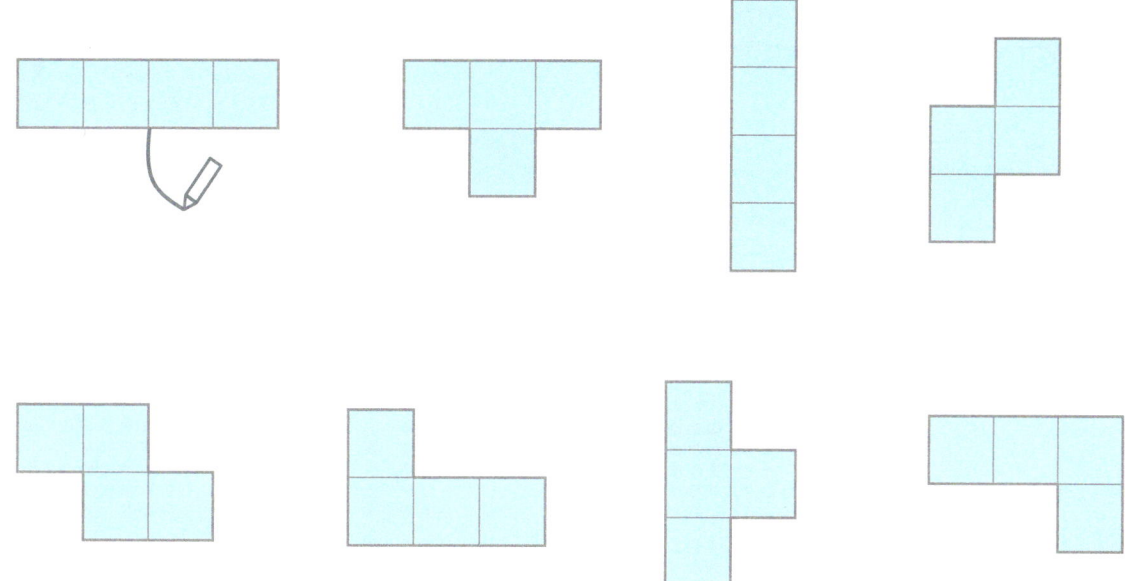

2 Finde Vierlinge in den Fünflingen. Male.

1 Formen in der Vorstellung drehen. Gleiche Formen in unterschiedlicher Lage finden. **2** Formen gedanklich zerlegen und Vierlinge in Fünflingen finden. Bei einer Form gibt es nur zwei Möglichkeiten.

51

Malaufgaben zerlegen

Bei 9 · 3 hilft die Kernaufgabe 10 · 3.

10 mal 3 minus 1 mal 3.

$10 \cdot 3 = 30$

$9 \cdot 3 = 30 - 3 = 27$

1 Rechne mit Nachbaraufgaben.

mit 10   mit 2   mit 5

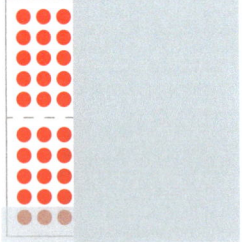

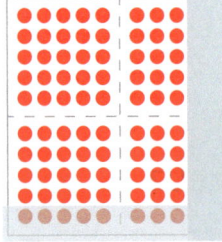

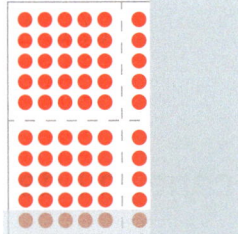

$10 \cdot 3 = \underline{\quad}$

$9 \cdot 3 = \underline{\quad}$

$10 \cdot 8 = \underline{\quad}$

$9 \cdot 8 = \underline{\quad}$

$10 \cdot 6 = \underline{\quad}$

$9 \cdot 6 = \underline{\quad}$

$10 \cdot 7 = \underline{\quad}$

$9 \cdot 7 = \underline{\quad}$

2

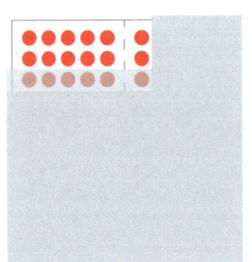

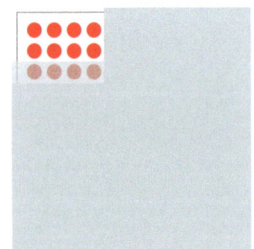

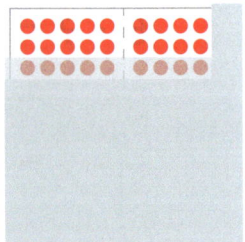

$2 \cdot 8 = \underline{\quad}$

$3 \cdot 8 = \underline{\quad}$

$2 \cdot 6 = \underline{\quad}$

$3 \cdot 6 = \underline{\quad}$

$2 \cdot 4 = \underline{\quad}$

$3 \cdot 4 = \underline{\quad}$

$2 \cdot 9 = \underline{\quad}$

$3 \cdot 9 = \underline{\quad}$

3

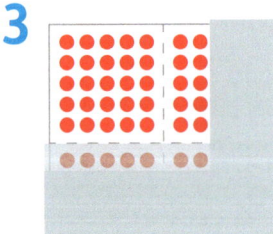

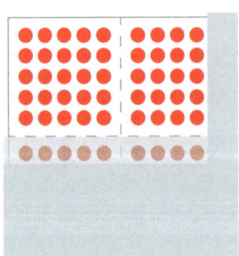

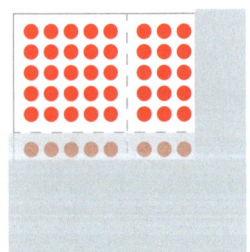

$5 \cdot 7 = \underline{\quad}$

$6 \cdot 7 = \underline{\quad}$

$5 \cdot 9 = \underline{\quad}$

$6 \cdot 9 = \underline{\quad}$

$5 \cdot 4 = \underline{\quad}$

$6 \cdot 4 = \underline{\quad}$

$5 \cdot 8 = \underline{\quad}$

$6 \cdot 8 = \underline{\quad}$

1–3 Schwierige Malaufgaben mithilfe von Kernaufgaben (*mit 10, mit 2, mit 5*) berechnen.

→ Schülerbuch, Seiten 62   → Arbeitsheft, Seite 35

Malaufgaben zerlegen

$3 \cdot 7 =$ _____
$3 \cdot 5 =$ ___
$3 \cdot 2 =$ ___

·	5	2
3	15	6
		21

Ich kann die Aufgabe zerlegen:
3 mal 7 sind
3 mal 5 plus 3 mal 2,
also 15 + 6 = 21.

1 Zerlege und rechne mit dem Malkreuz.

$5 \cdot 7 =$ _____
$5 \cdot 5 =$ ___
$5 \cdot 2 =$ ___

·	5	2
5		

$7 \cdot 7 =$ _____
$7 \cdot 5 =$ ___
$7 \cdot 2 =$ ___

·	5	2
7		

$6 \cdot 7 =$ _____
$6 \cdot 5 =$ ___
$6 \cdot 2 =$ ___

·	5	2
6		

$9 \cdot 7 =$ _____
$9 \cdot 5 =$ ___
$9 \cdot 2 =$ ___

·	5	2
9		

2 Rechne mit dem Malkreuz.

$4 \cdot 6 =$ _____
$4 \cdot 5 =$ ___
$4 \cdot 1 =$ ___

·		
4		

$8 \cdot 3 =$ _____
$8 \cdot 2 =$ ___
$8 \cdot 1 =$ ___

·		
8		

$9 \cdot 6 =$ _____
$9 \cdot 5 =$ ___
$9 \cdot 1 =$ ___

·		
9		

$7 \cdot 3 =$ _____
$7 \cdot 2 =$ ___
$7 \cdot 1 =$ ___

·		
7		

1, 2 Schwierige Malaufgaben mithilfe von Kernaufgaben (*mit 10, mit 2, mit 5*) berechnen.

→ Schülerbuch, Seite 62   → Arbeitsheft, Seite 35   → KV

Das Zehnereinmaleins

1 Malrechnen mit Zehnern und Einern.

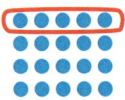 

$4 \cdot 5 =$ _____ $4 \cdot 50 =$ _____

$3 \cdot 3 =$ _____ $3 \cdot 30 =$ _____

$4 \cdot 2 =$ _____ $4 \cdot 20 =$ _____

$6 \cdot 4 =$ _____ $6 \cdot 40 =$ _____

_____ $\cdot$ _____ $=$ _____   _____ $\cdot$ _____ $=$ _____

_____ $\cdot$ _____ $=$ _____   _____ $\cdot$ _____ $=$ _____

2 Rechne immer erst die kleine Malaufgabe.

$2 \cdot 4 =$ _____ $5 \cdot 2 =$ _____ $7 \cdot 2 =$ _____ $7 \cdot 3 =$ _____

$2 \cdot 40 =$ _____ $5 \cdot 20 =$ _____ $7 \cdot 20 =$ _____ $7 \cdot 30 =$ _____

1, 2 Lösen von Aufgaben aus dem Zehnereinmaleins mithilfe von Aufgaben aus dem kleinen Einmaleins.

→ Schülerbuch, Seite 64   → Arbeitsheft, Seite 37   → KV

Das Zehnereinmaleins

1 Malrechnen mit Zehnern. Zeichne und rechne.

5 · 30 = _____

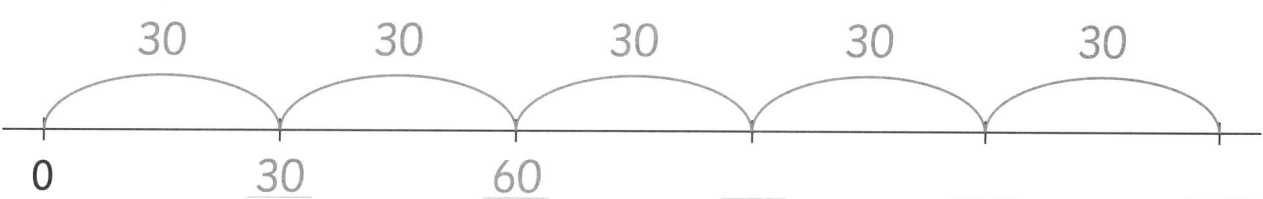

4 · 40 = _____

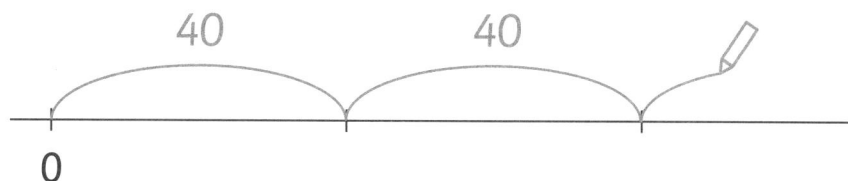

2 Geteiltrechnen mit Zehnern. Zeichne und rechne.

100 : 20 = _____

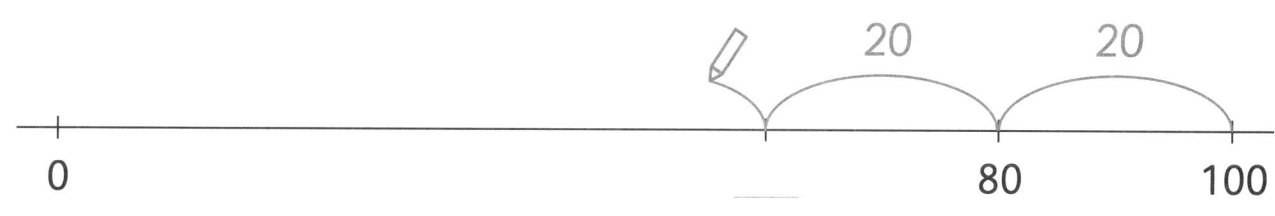

140 : 20 = _____

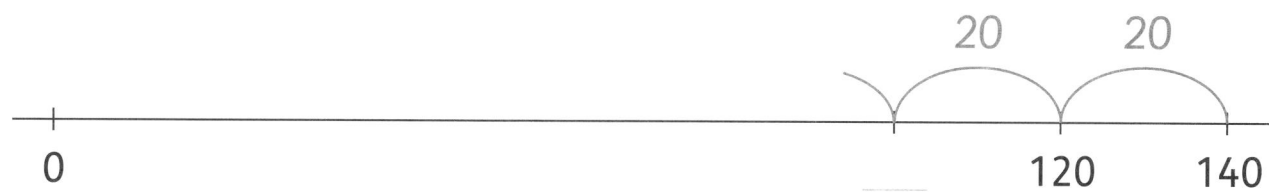

3 Aufgabe und Umkehraufgabe. Rechne.

_____ · 20 = 60   _____ · 40 = 80   _____ · 50 = 250   _____ · 60 = 180

60 : 20 = _____   80 : 40 = _____   250 : 50 = _____   180 : 60 = _____

1, 2 Aufgaben aus dem Zehnereinmaleins am Rechenstrich lösen.   **3** Aufgabe und Umkehraufgabe aus dem Zehnereinmaleins lösen.

55

→ Schülerbuch, Seite 65   → Arbeitsheft, Seite 37

Rechenwege bei der Multiplikation

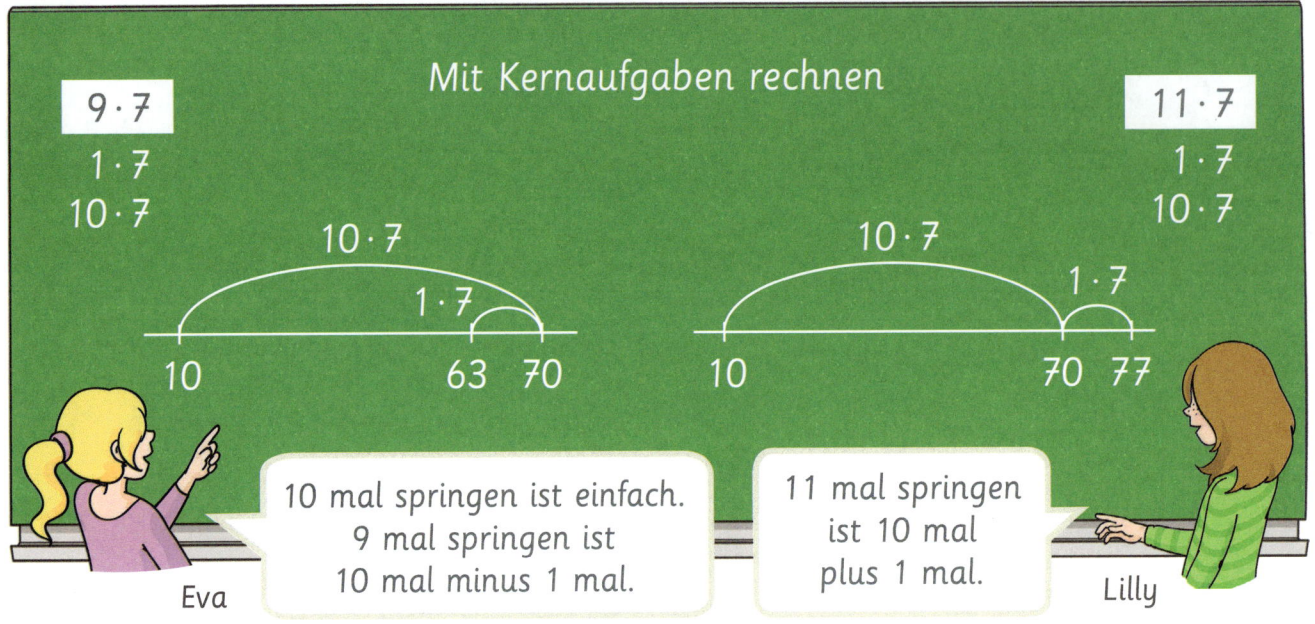

1 Rechne am Rechenstrich.

9 · 6 = ___

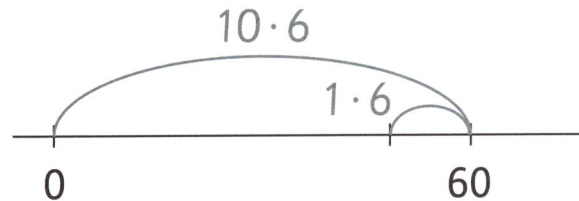

11 · 6 = ___

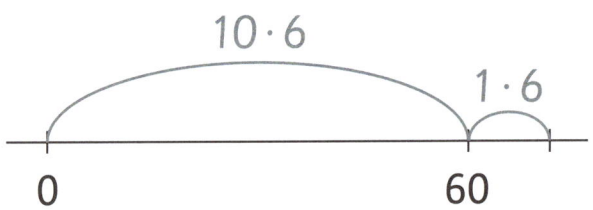

9 · 5 = ___

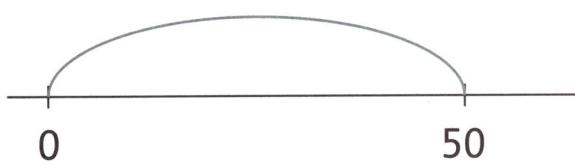

11 · 5 = ___

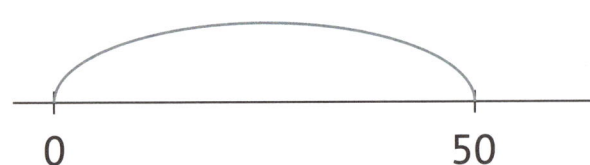

11 · 4 = ___

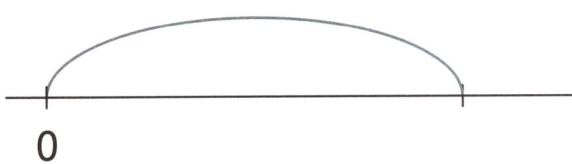

9 · 4 = ___

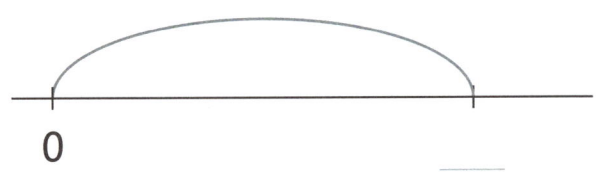

1 Malaufgaben am Rechenstrich berechnen.

→ Schülerbuch, Seite 68   → Arbeitsheft, Seite 39   → KV

Rechenwege bei der Multiplikation

1 Wie rechnest du? Mit Malkreuz oder mit Rechenstrich?

9 · 11

0 _____

7 · 12

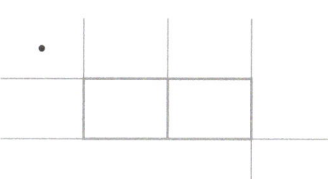

0 _____

7 · 9

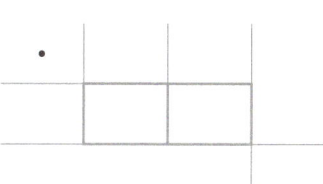

0 _____

8 · 11

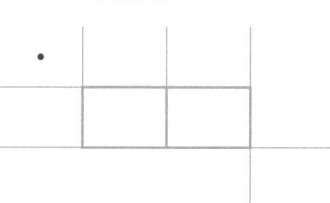

0 _____

1 Malaufgabe auf eigenen Wegen berechnen und Rechnung darstellen.

 57

Ich kann schwierige Malaufgaben mithilfe von einfachen Malaufgaben lösen.
Ich kann Malaufgaben im Malkreuz lösen.

1 Zerlege und rechne mit dem Malkreuz.

3 · 8 = _____

3 · 5 = _____

3 · 3 = _____

·	5	3
3		

9 · 7 = _____

9 · 5 = _____

9 · 2 = _____

·	5	2
9		

7 · 6 = _____

7 · _ = _____

7 · _ = _____

·		
7		

8 · 6 = _____

8 · _ = _____

8 · _ = _____

·		
8		

2 Multiplizieren mit Zehnern und Einern.

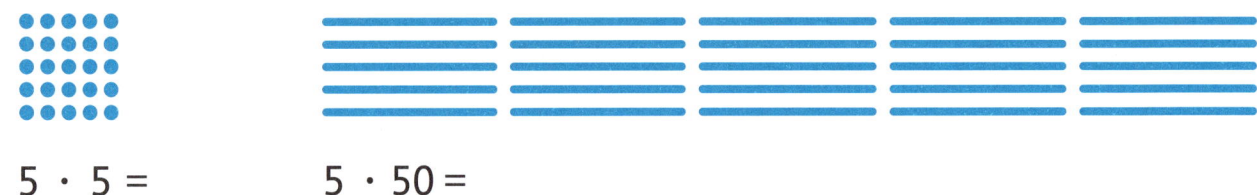

5 · 5 = ___   5 · 50 = ___

6 · 3 = ___   6 · 30 = ___

3 Wie rechnest du am Rechenstrich?

11 · 5 = ___   9 · 6 = ___

0   0

Wesentliche Aspekte des Kapitels noch einmal reflektieren.

→ Schülerbuch, Seite 70   → Arbeitsheft, Seite 40

Forschen und Finden: Malkreuz

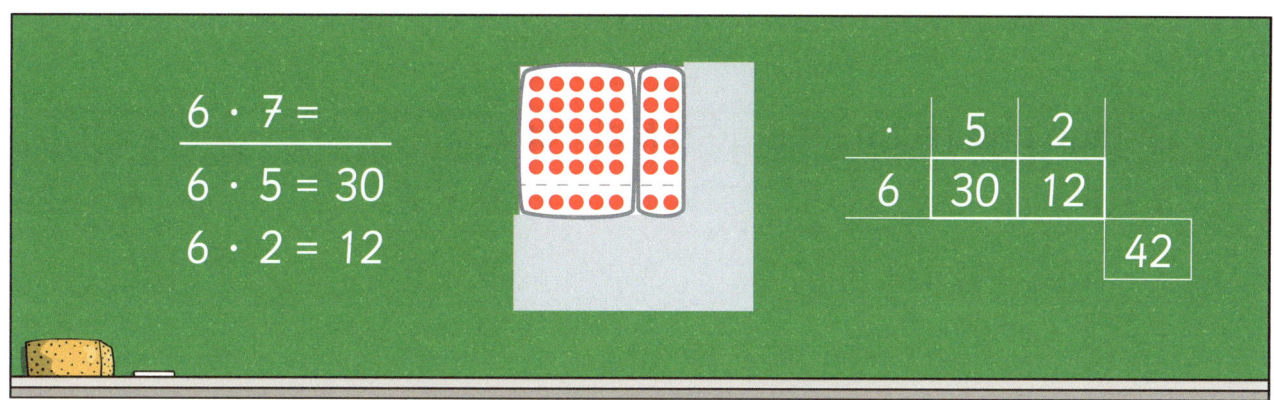

$$6 \cdot 7 = $$
$$6 \cdot 5 = 30$$
$$6 \cdot 2 = 12$$

·	5	2
6	30	12
		42

1 Vergleiche die Malkreuze. Was fällt dir auf?

·	6	4
5		

·	6	2
3		

·	2	7
6		

·	4	6
5		

·	2	6
3		

·	7	2
6		

2 Vergleiche die Malkreuze. Erkläre.

·	3	4
5		

·	4	1
6		

·	2	7
4		

·	5	4
3		

·	6	1
4		

·	4	7
2		

1, 2 Malkreuze berechnen und verschiedene Zerlegungen innerhalb der Malkreuze vergleichen.

→ Schülerbuch, Seite 71   → Arbeitsheft, Seite 41   → KV

Längen: Meter und Kilometer

1 km = 1000 m

1 So lang sind die Schulwege. Verbinde.

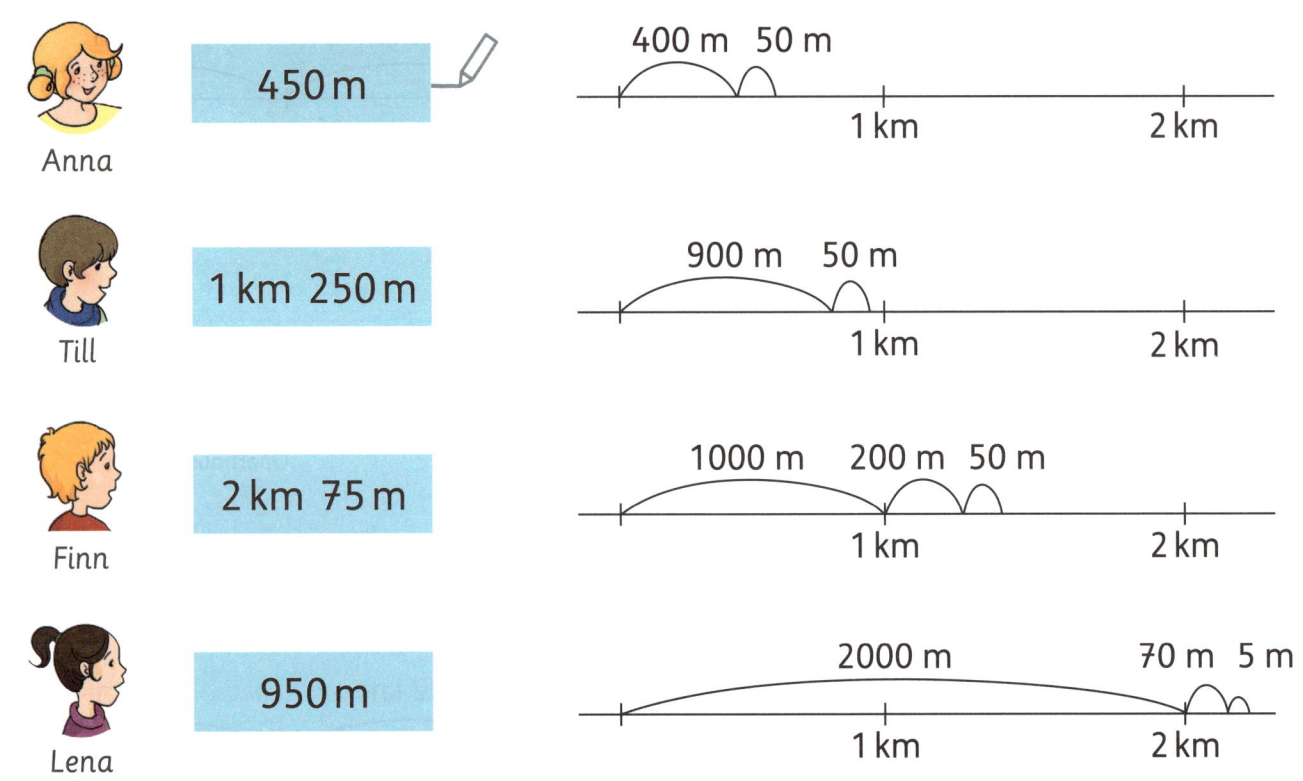

2 Wie lang sind die Schulwege? Zeichne ein.

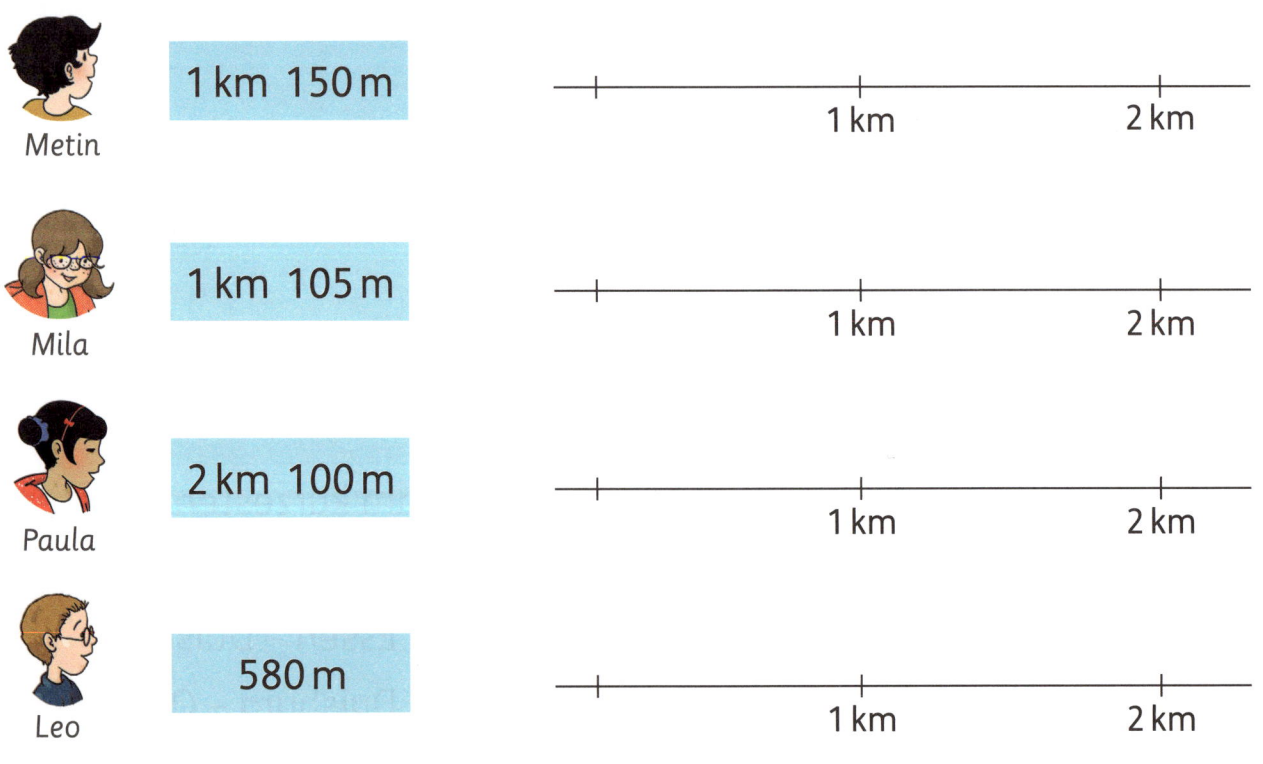

1 Schulwege in zwei verschiedenen Weisen lesen sowie Maßangaben und Darstellung verbinden. **2** Längenangaben lesen und auf den Rechenstrich übertragen.

→ Schülerbuch, Seite 74   → Arbeitsheft, Seite 43   → KV

Mit Entfernungen rechnen

1 Mila und Ben machen eine Radtour.

Tour 1: von Bochum nach Essen

Tour 2: von Essen nach Duisburg

Wie weit ist es

von Bochum nach Duisburg?

21 km   30 km

Bochum   Essen   Duisburg

21 km +

2 Mila und Ben fahren über

Oberhausen zurück nach Bochum.

Tour 3: von Duisburg nach Oberhausen

Tour 4: von Oberhausen nach Bochum

Wie weit ist es

von Duisburg nach Bochum?

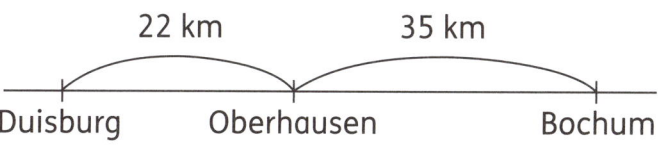

22 km   35 km

Duisburg   Oberhausen   Bochum

3 Wie viele Kilometer sind Mila und Ben insgesamt gefahren?

4 Kreuze an. Welche Strecke

ist am längsten?

☐ Bochum – Essen

☐ Essen – Duisburg

☐ Duisburg – Oberhausen

ist am kürzesten?

☐ Bochum – Essen

☐ Essen – Duisburg

☐ Duisburg – Oberhausen

1, 2 Entfernungen addieren, ggf. Rechenstrich nutzen.   **3** Hin- und Rückweg zusammenrechnen – ggf. mithilfe eines Rechenstrichs darstellen.   **4** Streckenlängen vergleichen. Möglichkeit anbieten, die Entfernungen einzutragen, zu vergleichen und dann anzukreuzen.

→ Schülerbuch, Seite 76   → Arbeitsheft, Seite 44

61

Schriftliche Addition

Bündele 10 Einer in 1 Zehner:

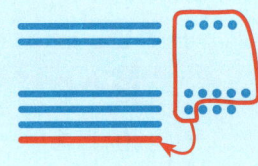

24 + 39

Z	E
2	4
+ 3	9
	1
6	~~13~~
	3

24 + 39 = 63

1 Rechne schriftlich. Bündele und zeichne ein.

Z	E
4	8
+ 3	7

48 + 37 =

Z	E
+	

___ + ___ = ___

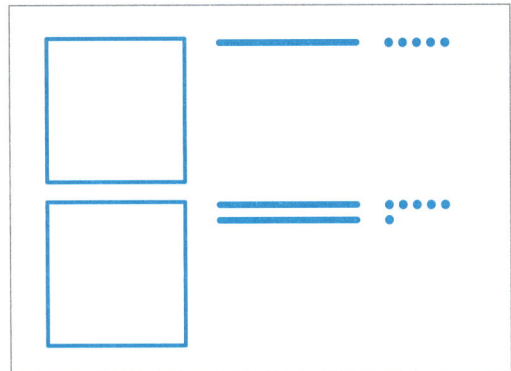

H	Z	E
+		

___ + ___ = ___

2 Rechne schriftlich.

Z	E
1	6
+ 7	5
1	
	1

Z	E
4	5
+ 3	7

H	Z	E
1	3	8
+ 1	0	9

H	Z	E
1	0	5
+ 1	2	5

1, 2 Das Bündeln an der Einerstelle beschreiben und durchführen.   **2** Schriftliche Addition mit Übertrag durchführen und notieren. Ggf. zeichnen die Kinder die Aufgaben auch in ihr Heft oder auf einen Zettel.

→ Schülerbuch, Seiten 78/79   → Arbeitsheft, Seiten 45/46   → KV

Schriftliche Addition

Bündele zehn Zehner in einen Hunderter:

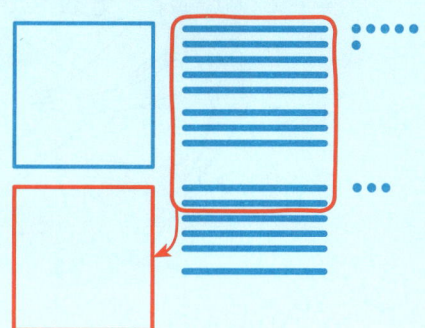

186 + 63

H	Z	E
1	8	6
+	6	3
	1	
2	~~1~~4	9

186 + 63 = 249

---

1 Rechne schriftlich. Bündele und zeichne ein.

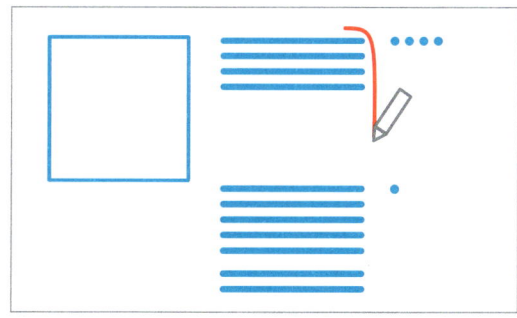

H	Z	E
1	4	4
+	~~7~~	1
		5

144 + ~~7~~1 = _____

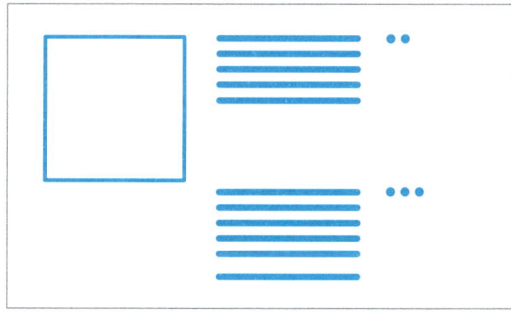

H	Z	E
+		

____ + ____ = _____

H	Z	E
+		

____ + ____ = _____

---

2 Rechne schriftlich. Vergleiche.

```
  H Z E          H Z E          H Z E          H Z E
  1 7 5          1 7 5          1 7 5          1 7 5
+   2 3        +   3 4        +   4 5        +   5 6
———————        ———————        ———————        ———————
```

1 Das Bündeln auch an der Zehnerstelle beschreiben und durchführen. Umgang mit Null beachten. **2** Schriftliche Addition mit Übertrag durchführen und notieren. Ggf. zeichnen die Kinder die Aufgaben auch in ihr Heft oder auf einen Zettel.

63

→ Schülerbuch, Seiten 78/79   → Arbeitsheft, Seiten 45/46   → KV

Schriftlich addieren

1 Rechne schriftlich.

```
H Z E
1 4 6
+   2 7
    1
----------
    3
```

6 E + 7 E = 13 E.
Ich schreibe 3 und
übertrage 10 E.
Ich schreibe **1**
bei den Zehnern.

```
H Z E
1 2 9
+   3 7
----------
```

```
H Z E
  6 4
+ 1 8 0
----------
```

```
H Z E
  7 9
+   2 9
----------
```

```
H Z E
1 0 5
+   9 6
----------
```

```
H Z E
1 5 4
+   5 6
----------
```

```
H Z E
1 2 4
+ 1 1 0
----------
```

```
H Z E
1 1 6
+ 1 2 3
----------
```

```
H Z E
1 0 4
+ 1 3 5
----------
```

```
H Z E
1 3 7
+ 1 0 4
----------
```

2 Schreibe stellengerecht untereinander. Rechne schriftlich.

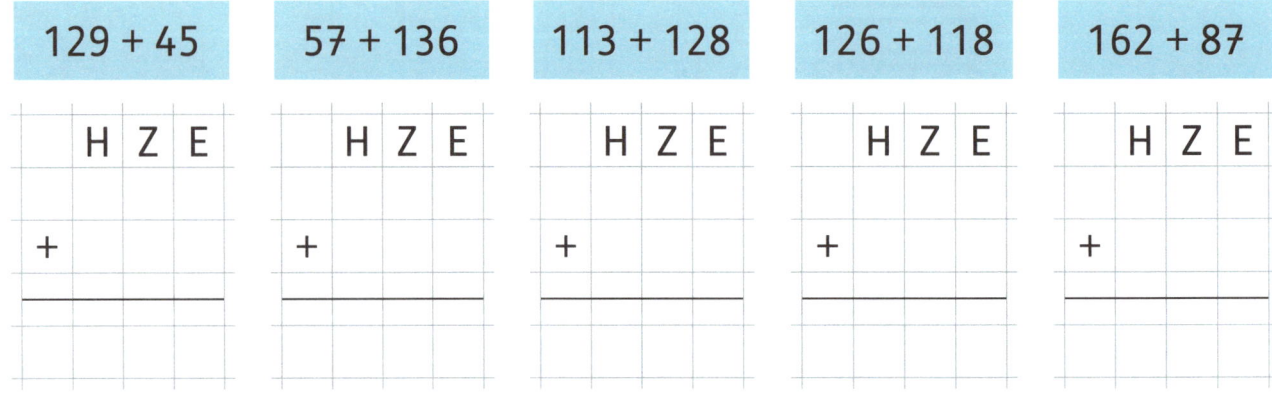

129 + 45	57 + 136	113 + 128	126 + 118	162 + 87

104 + 140	204 + 38	140 + 78	206 + 24	147 + 99

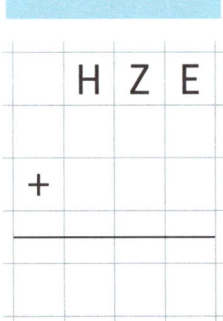

1, 2 Verkürzte Schreibweise sichern. Schriftliche Addition mit Übertrag im Zahlenraum bis 250 üben. Auf Überträge und Nullen achten.

→ Schülerbuch, Seiten 80/81   → Arbeitsheft, Seite 47   → KV

Übungen zur schriftlichen Addition

Merke:

| Schreibe stellengerecht untereinander. | Achte auf die Überträge. |

1 Welche Rechnung ist richtig? Kreuze an und erkläre.

105 + 34

```
  1 0 5        1 0 5
+   3 4      +   3 4
---------    ---------
  4 4 5        1 3 9
```

☐ richtig   ☐ richtig
☐ falsch   ☐ falsch

138 + 42

```
  1 3 8        1 3 8
+   4 2      +   4 2
                 1
---------    ---------
  1 7 0        1 8 0
```

☐ richtig   ☐ richtig
☐ falsch   ☐ falsch

56 + 128

```
    5 6          5 6
+ 1 2 8      + 1 2 8
      1            1
---------    ---------
  1 8 4        2 7 4
```

☐ richtig   ☐ richtig
☐ falsch   ☐ falsch

75 + 165

```
    7 5          7 5
+ 1 6 5      + 1 6 5
      1          1 1
---------    ---------
  1 4 0        2 4 0
```

☐ richtig   ☐ richtig
☐ falsch   ☐ falsch

2 Finde die fehlenden Ziffern.

```
  0 3 8          0 2 4          1 2 7          0 1 2

    1 2 5            2 4            3 8          1 8 0
  + 1 1 ▮        + 1 1 ▮        + 2 ▮ 2        +   ▮ 5
                                     1              1
  -------        -------        -------        -------
    2 3 8          1 3 6          2 5 0          2 0 5
```

1 Fehlermuster in den Aufgaben erkennen und den Hinweisen, worauf beim schriftlichen Addieren geachtet werden soll, zuordnen.   2 Fehlende Ziffer in der Lücke finden (ggf. mit einzelnen Ziffern Rechnungen durchführen und mit Ergebnis vergleichen).

→ Schülerbuch, Seiten 82/83   → Arbeitsheft, Seiten 48/49   → KV

Übungen zur schriftlichen Addition

1 Rechne schriftlich mit drei Zahlen.

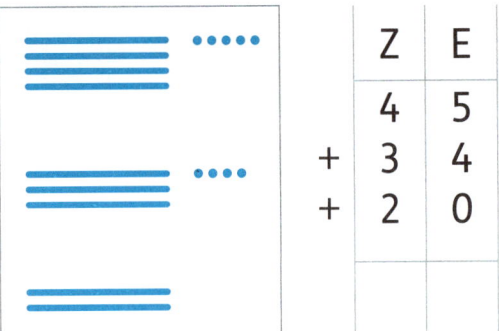

Z	E
4	5
+ 3	4
+ 2	0

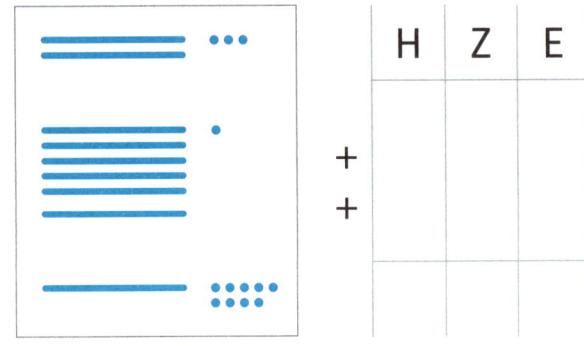

H	Z	E
+		
+		

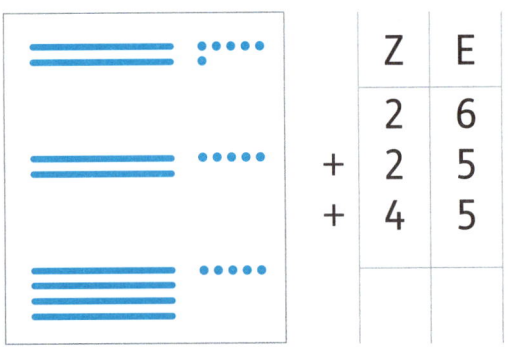

Z	E
2	6
+ 2	5
+ 4	5

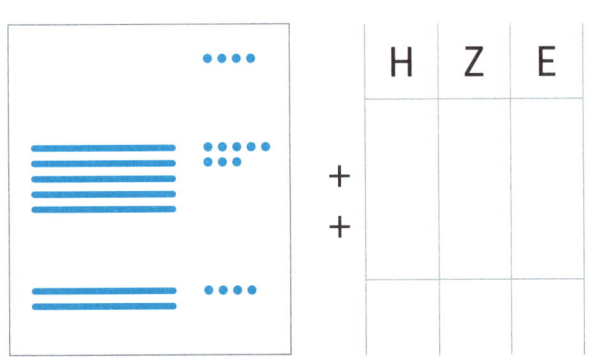

H	Z	E
+		
+		

2 Rechne schriftlich.

```
   1 2 5        1 0 4         2 3          7 4         1 0 4
 +   2 3      + 1 2 0       + 6 5       + 1 3 1      + 1 2 3
 +   4 0      +   2 3       + 1 0 5     +   4 3      +   1 7
 _____      _____       _____     _____      _____
```

3 Schreibe stellengerecht untereinander. Rechne schriftlich.

113 + 52 + 14	17 ı 120 + 51	36 + 22 + 141	14 + 20 + 56

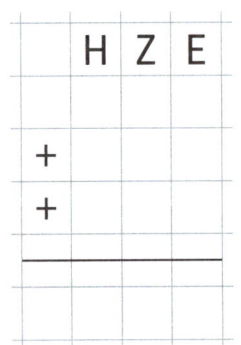

H	Z	E
1	1	3
+	5	2
+	1	4

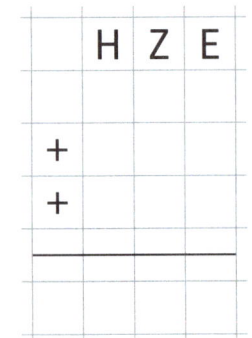

H	Z	E
+		
+		

H	Z	E
+		
+		

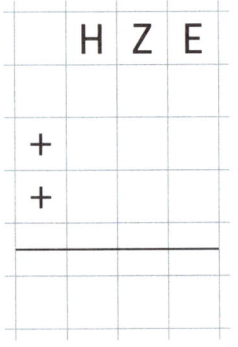

H	Z	E
+		
+		

1, 2 Schriftlich rechnen mit drei Summanden.   **3** Stellengerechte Notation von drei Summanden.

→ Schülerbuch, Seiten 82/83   → Arbeitsheft, Seiten 48/49   → KV

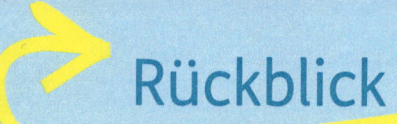
Ich kann Plusaufgaben schriftlich rechnen und Fehler erkennen.

1 Rechne schriftlich. Schreibe stellengerecht untereinander.

85 + 43	76 + 53	83 + 156	108 + 142

H Z E	H Z E	H Z E	H Z E
+	+	+	+

2 Welche Ziffer passt?

0 1 2	0 2 3	1 3 4	0 1 2

```
    1 1 5         5 2          4 9         1 4 9
  + 1 2 ▓       + 1 7 ▓      + 1 ▓ 7     + 1 ▓ 1
              ─────────    ─────────   ─────────
                  1            1           1
  ─────────     ─────────    ─────────   ─────────
    2 3 7         2 2 5        1 8 6       2 5 0
```

3 Welche Rechnung ist richtig? Kreuze an.

14 + 115

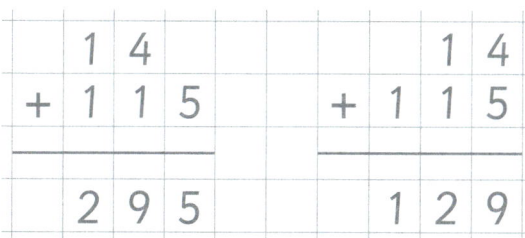

☐ richtig	☐ richtig
☐ falsch	☐ falsch

108 + 62

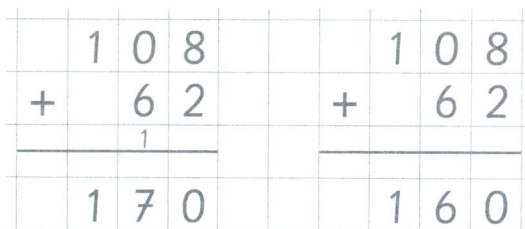

☐ richtig	☐ richtig
☐ falsch	☐ falsch

Wesentliche Aspekte des Kapitels noch einmal reflektieren.

→ Schülerbuch, Seite 86   → Arbeitsheft, Seite 52

1 Berechne die Streichzahlen. Welche Ergebnisse sind gleich?

17	20
15	23

```
    1 7
  + 2 3
  _____
```

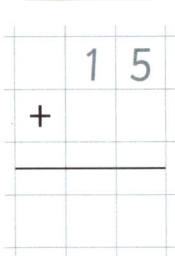

17	20
15	23

```
    1 5
  +
  _____
```

23	45
2	17

```
  +
  _____
```

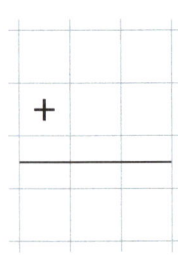

23	45
2	17

```
  +
  _____
```

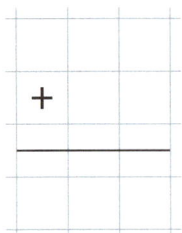

2	14
28	40

```
  +
  _____
```

2	14
28	40

```
  +
  _____
```

25	12
27	14

```
  +
  _____
```

25	12
27	14

```
  +
  _____
```

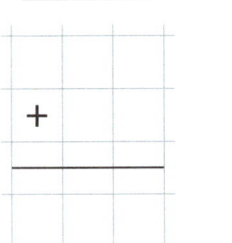
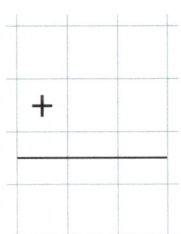

2 Streichquadrate. Berechne erst die Streichzahlen.

Rechne dann alle Randzahlen zusammen. Was fällt dir auf?

+	15	57
23	38	80
35	50	92

```
    5 0          3 8          3 5
  + 8 0        + 9 2        + 2 3
  _____       _____       + 1 5
                            + 5 7
                            _____
```

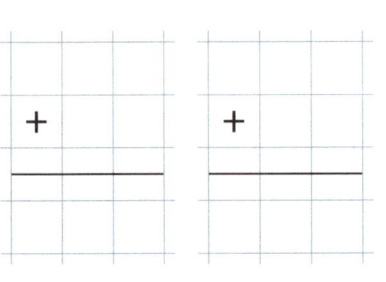

+	7	12
12	19	24
24	31	36

```
  +            +            +
                            +
  +            +            +
  _____       _____       _____
```

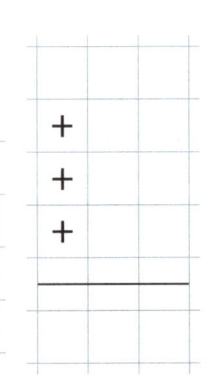

1 Streichzahlen mit der Streichregel ermitteln und vergleichen. **2** Streichzahlen mit der Summe der Randzahlen vergleichen und erklären.

→ Schülerbuch, Seite 87   → Arbeitsheft, Seite 53   → KV

Gewichte: Kilogramm und Gramm

$1000\ g = 1\ kg$

1  mit einer Waage und vergleiche.

W... schwerer? Kreuze an.

  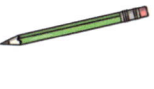   

☐ ☐ ☐ ☐ ☐ ☐

 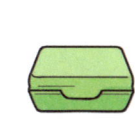    

☐ ☐ ☐ ☐ ☐ ☐

2 Wie schwer sind die Lebensmittel? Berechne.

$50\ g + 50\ g =$ _____ _____ _____

_____ _____ _____

3 Immer 1 kg. Schreibe mit $\boxed{100\ g}$ $\boxed{200\ g}$ $\boxed{500\ g}$.

$100\ g + 200\ g + 200\ g + 500\ g$

_____

_____

_____

1 Gegenstände aus dem Schulalltag vergleichen und wiegen. 2 Maßangaben zu Gegenständen aus der Lebenswelt errechnen und merken. 3 Standardmaß auf verschiedene Weisen zerlegen.

69

→ Schülerbuch, Seiten 88/89 → Arbeitsheft, Seite 54 → KV

Schriftliche Subtraktion: Auffüllen

1 Wie viele Kilometer ist Ben gefahren?

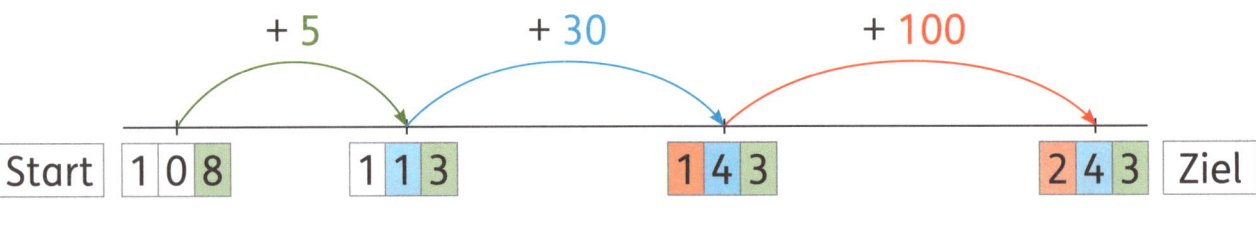

$5 + 30 + 100 = 135$

$108 + \underline{135} = 243$

2

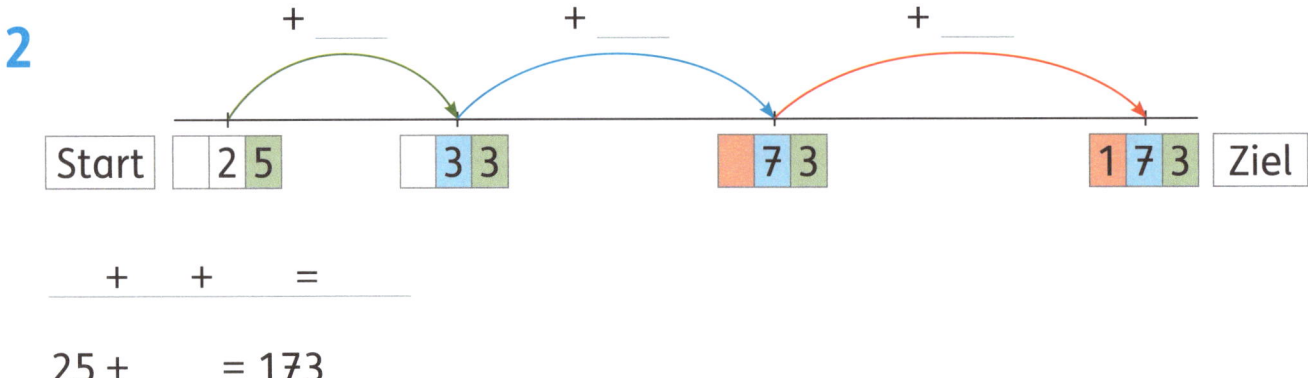

_____ + _____ + _____ = _____

$25 + \underline{} = 173$

3

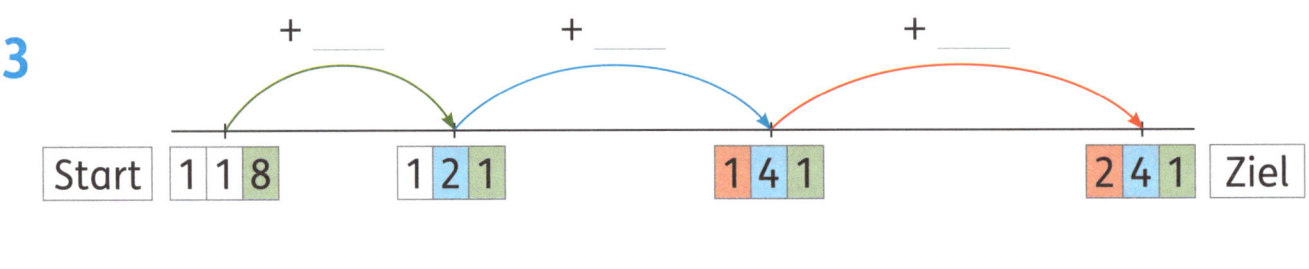

_____ + _____ + _____ = _____

$118 + \underline{} = 241$

1 Vorbereitung der schriftlichen Subtraktion durch stellenweises Ergänzen am Rechenstrich mit der Vorstellung des Zähler-modells.

→ Schülerbuch, Seiten 96/97   → Arbeitsheft, Seiten 58/59   → KV

Schriftliche Subtraktion: Auffüllen

183 − 59

1. Ergänze zum passenden Einer.

9 E + _4 E_ = 13 E

H	Z	E
1	8	3
−	5	9
	1	
		4

Übertrage 1 zum Zehner.

2. Ergänze zum passenden Zehner.

6 Z + _2 Z_ = 8 Z

H	Z	E
1	8	3
−	5	9
	1	
	2	4

3. Ergänze zum passenden Hunderter.

0 H + _1 H_ = 1 H

H	Z	E
1	8	3
−	5	9
	1	
1	2	4

1 241 − 18. Rechne schriftlich von 0 1 8 bis 2 4 1.

H	Z	E
2	4	1
−	1	8

H	Z	E
2	4	1
−	1	8
		1
		3

H	Z	E
2	4	1
−	1	8
		1
	2	3

2 Rechne schriftlich.

```
  Z E
  8 7
− 5 3
------
    4
```

Zuerst von 3 bis 7, also
3 + 4 = 7. Schreibe 4.
Jetzt die Zehner.
5 + ___ = 8.

```
  Z E        Z E        Z E        Z E        Z E
  8 7        8 7        8 7        8 7        8 7
− 5 7      − 6 1      − 6 5      − 6 9      − 7 3
------     ------     ------     ------     ------
```

```
  H Z E      H Z E      H Z E      H Z E      H Z E
  1 9 5      1 9 5      1 9 5      1 9 5      1 9 5
−   5 5    −   6 7    −   7 9    −   9 1    − 1 0 3
-------    -------    -------    -------    -------
```

1 Schriftliche Subtraktion als Auffüllverfahren aus dem stellenweisen Ergänzen am Rechenstrich ableiten und üben. Überträge in die Zehnerstelle verdeutlichen und besprechen. **2** Verkürzte Form besprechen und durchführen (ggf. gleichzeitig am Rechenstrich mithilfe des Zählermodells darstellen).

71

→ Schülerbuch, Seiten 96/97   → Arbeitsheft, Seiten 58/59

Schriftliche Subtraktion: Auffüllen

245 − 82	1. Ergänze zum passenden Einer.	2. Ergänze zum passenden Zehner.	3. Ergänze zum passenden Hunderter.

$$2E + 3E = 5E \qquad 8Z + 6Z = 14Z \qquad 1H + 1H = 2H$$

H	Z	E
2	4	5
	8	2
		3

H	Z	E
2	4	5
	8	2
1		
	6	3

H	Z	E
2	4	5
	8	2
1		
1	6	3

Übertrage 1 zum Hunderter.

1 226 − 64. Rechne schriftlich von ⬚0⬚6⬚4⬚ bis ⬚2⬚2⬚6⬚.

H	Z	E
2	2	6
	6	4

H	Z	E
2	2	6
	6	4
		2

H	Z	E
2	2	6
	6	4
1		
	6	2

2 Rechne schriftlich.

```
H Z E
2 2 3
−1 9 2
  1
  3 1
```

Zuerst 2 + 1 = 3. Schreibe 1.
Jetzt die Zehner. Von 9 weiter bis 2
geht nicht, also bis 12. Schreibe 3.
Übertrage 1 zum Hunderter.
Also 2 + 0 = 2.

```
H Z E        H Z E        H Z E        H Z E        H Z E
2 3 5        1 5 6        1 4 7        2 3 5        1 1 5
−  5 2       −  9 4       −  4 2       −1 7 6       −  7 2
```

```
H Z E        H Z E        H Z E        H Z E        H Z E
2 2 7        1 5 9        2 0 7        1 0 5        2 0 3
−1 7 2       −1 0 5       −1 8 5       −  7 7       −1 0 8
```

1 Das Übertragen auch an der Hunderterstelle beschreiben und durchführen. Umgang mit Null beachten. Schriftliche Subtraktion mit Übertrag durchführen und notieren (ggf. gleichzeitig am Rechenstrich mithilfe des Zählermodells darstellen). **2** Schriftliche Subtraktion einüben.

→ Schülerbuch, Seiten 96/97   → Arbeitsheft, Seiten 58/59

Übungen zur schriftlichen Subtraktion

1 Rechne schriftlich. Schreibe stellengerecht untereinander.

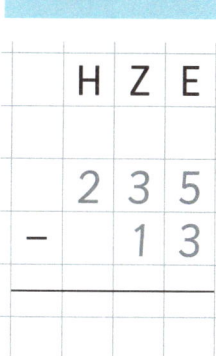
235 – 13

235 – 34

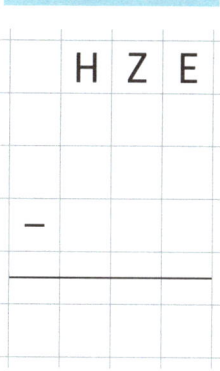
235 – 55

235 – 76

2 Welche Rechnung ist richtig? Kreuze an und erkläre.

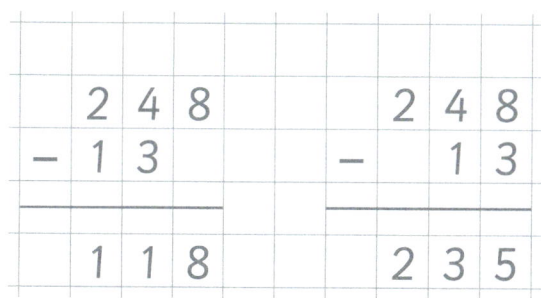
248 – 13

	richtig		richtig
	falsch		falsch

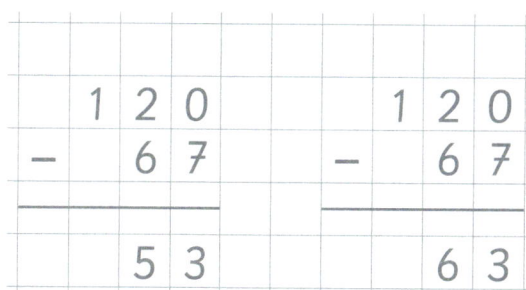
120 – 67

	richtig		richtig
	falsch		falsch

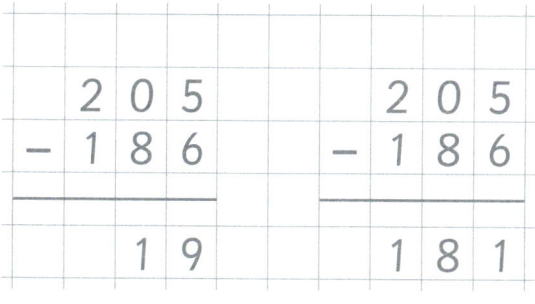
205 – 186

	richtig		richtig
	falsch		falsch

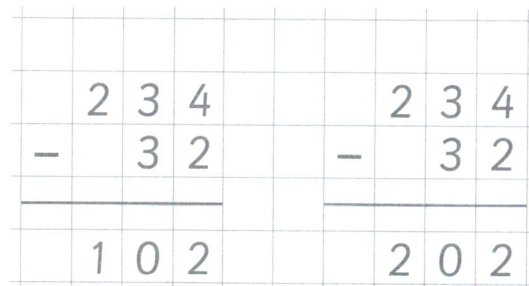
234 – 32

	richtig		richtig
	falsch		falsch

1 Schriftliche Subtraktion im Zahlenraum bis 250 üben. Die Zahlen verändern sich systematisch, dadurch entstehen leichte und schwierigere Aufgaben beim schriftlichen Subtrahieren. Veränderungen ggf. beschreiben. **2** Fehlermuster in den Aufgaben erkennen und erläutern, worauf beim schriftlichen Subtrahieren geachtet werden soll.

73

→ Schülerbuch, Seiten 100/101   → Arbeitsheft, Seite 62   → KV

Ich kann Minusaufgaben schriftlich rechnen und Fehler erkennen.

1

$$\begin{array}{r} 65 \\ -42 \\ \hline \end{array} \qquad \begin{array}{r} 82 \\ -54 \\ \hline \end{array} \qquad \begin{array}{r} 163 \\ -53 \\ \hline \end{array} \qquad \begin{array}{r} 204 \\ -156 \\ \hline \end{array} \qquad \begin{array}{r} 250 \\ -109 \\ \hline \end{array}$$

2 Rechne schriftlich und vergleiche.

$$\begin{array}{r} 164 \\ -46 \\ \hline \end{array} \qquad \begin{array}{r} 164 \\ -57 \\ \hline \end{array} \qquad \begin{array}{r} 164 \\ -68 \\ \hline \end{array} \qquad \begin{array}{r} 164 \\ -79 \\ \hline \end{array} \qquad \begin{array}{r} 164 \\ -90 \\ \hline \end{array}$$

3 Rechne schriftlich. Schreibe stellengerecht untereinander.

75 − 47	206 − 53	247 − 139	106 − 96

  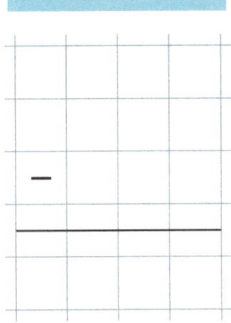 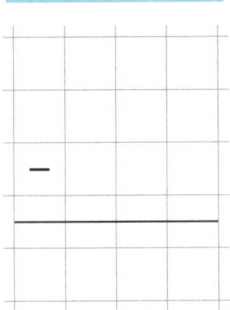

4 Welche Rechnung ist richtig? Kreuze an.

241 − 13		235 − 109	

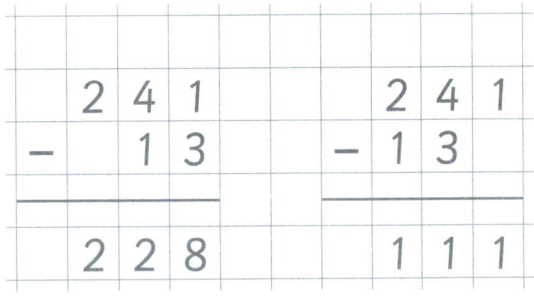

$$\begin{array}{r} 241 \\ -13 \\ \hline 228 \end{array} \qquad \begin{array}{r} 241 \\ -13 \\ \hline 111 \end{array}$$

☐ richtig ☐ richtig

☐ falsch ☐ falsch

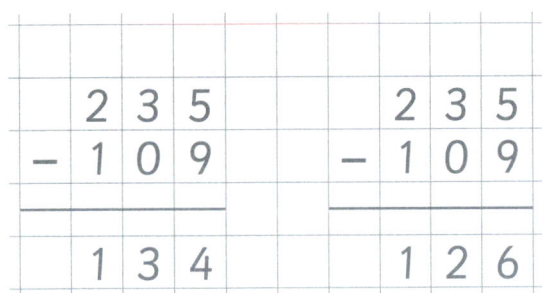

$$\begin{array}{r} 235 \\ -109 \\ \hline 134 \end{array} \qquad \begin{array}{r} 235 \\ -109 \\ \hline 126 \end{array}$$

☐ richtig ☐ richtig

☐ falsch ☐ falsch

Wesentliche Aspekte des Kapitels noch einmal reflektieren.

→ Schülerbuch, Seite 104 → Arbeitsheft, Seite 63

Forschen und Finden: Umkehrzahlen

1 Immer zwei Zahlen mit denselben zwei Ziffern.
Berechne die Unterschiede.

5 6	2 6	1 7
Z E	Z E	Z E
6 5	6 2	7 1
− 5 6	− 2 6	− 1 7
___	___	___

6 8	3 6	2 7	3 5	4 9
Z E	Z E	Z E	Z E	Z E
8 6	6 3	7 2	5 3	9 4
− 6 8	− 3 6	− 2 7	− 3 5	− 4 9
___	___	___	___	___

2 Schöne Päckchen. Setze fort. Was fällt dir auf?

9 1	9 2	9 3	9 4	
− 1 9	− 2 9	− 3 9	− 4 9	−
___	___	___	___	___

8 1	8 2	8 3	8 4	
− 1 8	− 2 8	− 3 8	− 4 8	−
___	___	___	___	___

7 6	7 5	7 4	7 3	
− 6 7	− 5 7	− 4 7	− 3 7	−
___	___	___	___	___

1 Verschiedene Differenzen zwischen Umkehrzahlen ermitteln. Erkennen, welche Ergebnisse auftreten können (Ergebnisse aus der 9er-Reihe; mehrere Aufgaben zu einem Ergebnis möglich). Weitere Aufgaben mit verschiedenen Ergebnissen finden und ordnen. **2** Systematische Veränderungen erkennen, fortsetzen und beschreiben.

75

→ Schülerbuch, Seite 105 → Arbeitsheft, Seite 64

Zeitpunkte: Uhrzeiten

1 Wie spät ist es? Schreibe auf.

3.15 Uhr

15.15 Uhr

_____ _____ _____

2 Zeichne den Stundenzeiger ein.

5.15 Uhr	15.15 Uhr	17.15 Uhr	7.15 Uhr

3.45 Uhr	13.45 Uhr	23.45 Uhr	0.45 Uhr

12.30 Uhr	0.30 Uhr	14.30 Uhr	2.30 Uhr

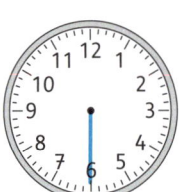   

1 Uhrzeiten an der Uhr ablesen und aufschreiben (*viertel vor, viertel nach* und *halb* benennen). Zwei verschiedene Uhrzeiten benennen. **2** Vorgegebene Uhrzeiten an der Uhr einstellen.

→ Schülerbuch, Seite 106   → Arbeitsheft, Seite 65   → KV

Seitenansichten von Würfelgebäuden

1 Verbinde. Welche Ansicht gehört zu welchem Kind?

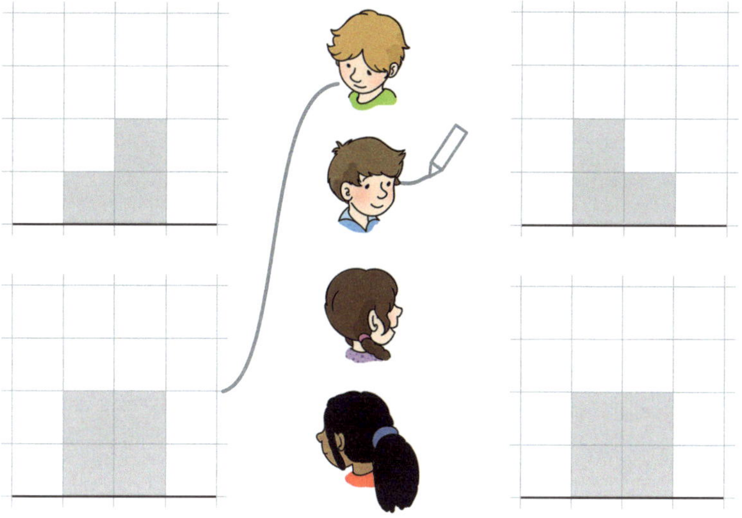

Till   Max

Lena   Esra

2

Till   Max

Lena   Esra

3 Zeichne die Seitenansichten.

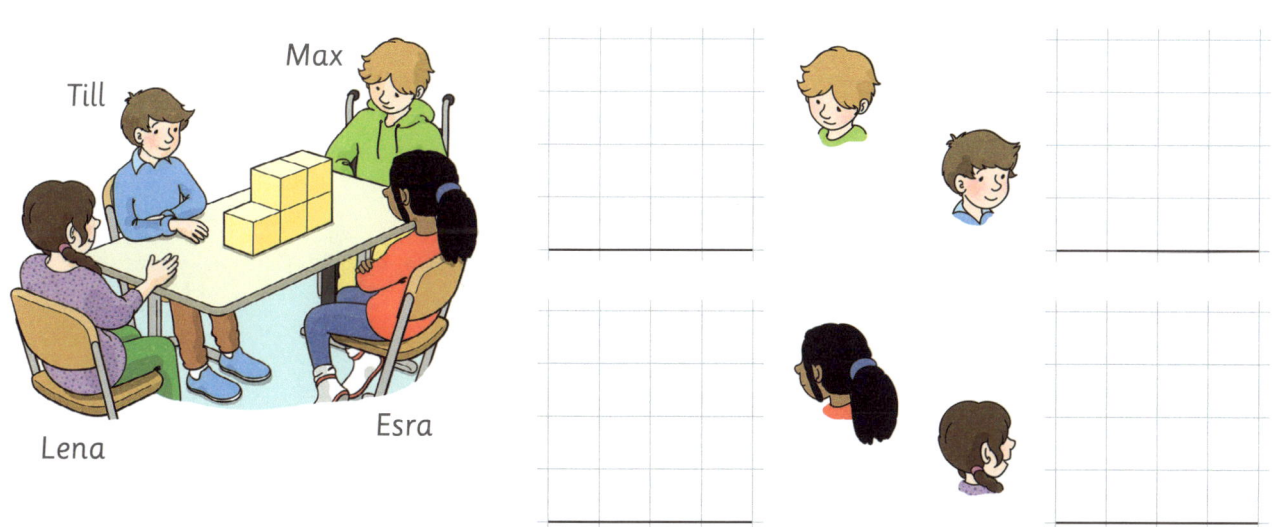

Till   Max

Lena   Esra

1 Seitenansichten von einem Würfelgebäude den unterschiedlichen Seiten zuordnen. **2** Seitenansichten von einem Würfelgebäude zeichnen. Ggf. Würfelgebäude nachbauen.

77

→ Schülerbuch, Seiten 112/113   → Arbeitsheft, Seite 68   → KV

Schriftliche Subtraktion: Entbündeln

→ Schülerbuch, Seiten 142/143   → Arbeitsheft, Seite 83   → KV

164 – 8

1. Lege 164.

2. Entbündele 1 Z in 10 E.

3. Nimm 8 Einer weg.

  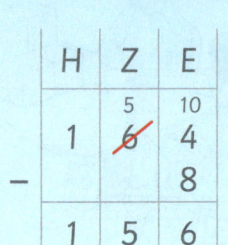

H	Z	E
1	6	4
–		8

4 E – 8 E geht nicht.

H	Z	E
1	⁵6̶	¹⁰4
–		8

Jetzt sind es 5 Z und 14 E.

H	Z	E
1	⁵6̶	¹⁰4
–		8
1	5	6

14 E – 8 E = 6 E

1 142 – 8. Lege und rechne schriftlich.

Lege 142.

Entbündele 1 Z.

Nimm 8 E weg.

  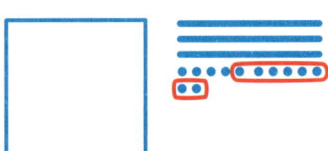

H	Z	E
1	4	2
–		8

H	Z	E
1	³4̶	¹⁰2
–		8

H	Z	E
1	³4̶	¹⁰2
–		8

2 135 – 7. Lege und rechne schriftlich.

    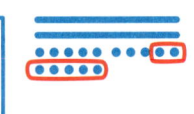

H	Z	E
1	3	5
–		7

H	Z	E
1	3	5
–		7

H	Z	E
1	3	5
–		7

Schriftliche Subtraktion als Abziehverfahren mit dem stellenweisen Entbündeln am Minuenden entwickeln und mit der Stellentafel erklären. Entbündeln als „Umwechseln" von einer größeren Stelle in eine kleinere Stelle erklären. Die Sprech- und Schreibweise verdeutlichen und üben.

Schriftliche Subtraktion: Entbündeln

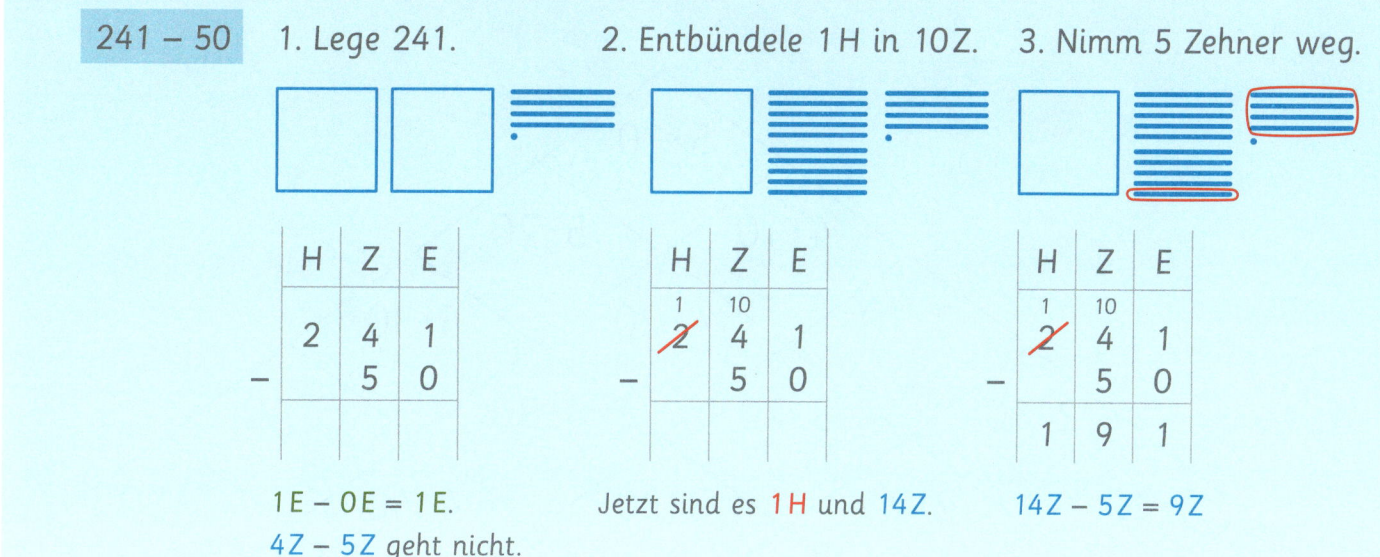

241 – 50   1. Lege 241.   2. Entbündele 1 H in 10 Z.   3. Nimm 5 Zehner weg.

H	Z	E
2	4	1
–	5	0

1 E – 0 E = 1 E.
4 Z – 5 Z geht nicht.

H	Z	E
₁2̸	¹⁰4	1
–	5	0

Jetzt sind es 1 H und 14 Z.

H	Z	E
₁2̸	¹⁰4	1
–	5	0
1	9	1

14 Z – 5 Z = 9 Z

1 234 – 50. Lege und rechne schriftlich.

Lege 234.

H	Z	E
2	3	4
–	5	0

Entbündele 1 H und nimm 5 Z weg.

H	Z	E
2	3	4
–	5	0

2 206 – 50. Lege und rechne schriftlich.

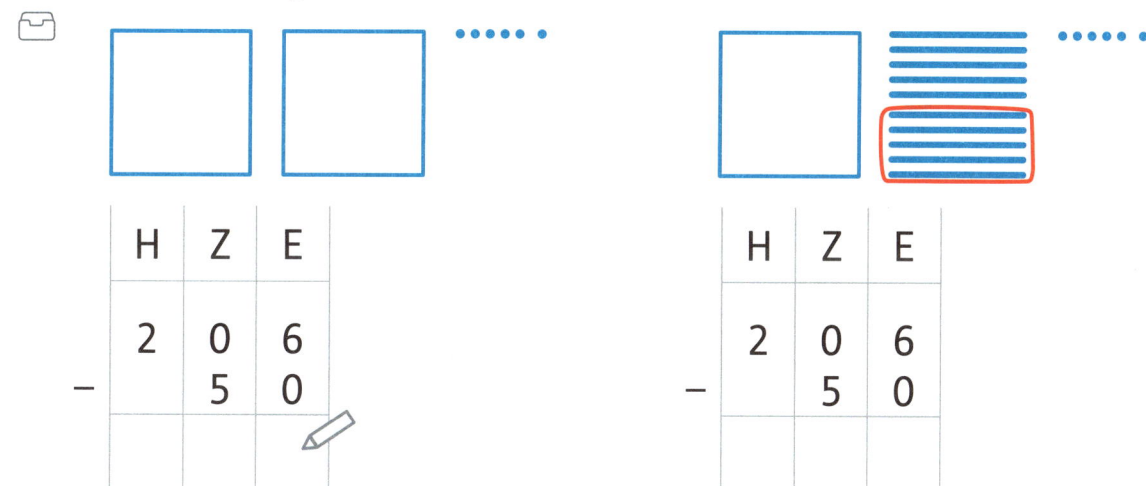

H	Z	E
2	0	6
–	5	0

H	Z	E
2	0	6
–	5	0

Schriftliche Subtraktion als Abziehverfahren mit dem stellenweisen Entbündeln am Minuenden entwickeln und mit der Stellentafel erklären. Entbündeln als „Umwechseln" von einer größeren Stelle in eine kleinere Stelle erklären. Die Sprech- und Schreibweise verdeutlichen und üben.

→ Schülerbuch, Seiten 142/143   → Arbeitsheft, Seite 83   → KV

Die Zehnereinmaleins-Tafel zum Ausfüllen

```
                    5·10
                4·10      5·20
            3·10      4·20      5·30
        2·10      3·20      4·30      5·40
    1·10      2·20      3·30      4·40      5·50
        1·20      2·30      3·40      4·50
            1·30      2·40      3·50
                1·40      2·50
                    1·50
```

Aufgaben in der Zehnereinmaleins-Tafel lösen. Struktur der Tafel nutzen, Felder ggf. anmalen.